片づけは
整理9割、収納1割

井田典子

はじめに

「なかなか片づけが終わらなくて……」。ご依頼くださった方が開口一番におっしゃいます。「片づけに終わりはないですよ」というと皆さん一様に驚かれますが、ビフォー&アフターで終わらないのが日常です。

人が活動した後のモノを戻さない限り、散らかり続けるのは当然です。それを不快に感じるのはなぜでしょう。

創世記によると、神は混沌とした世界をまず光と闇、天と地、陸と海、動物と植物など、「種に従って分けられた」のち、人を置かれたとあります。こうして壮大なスケールの「整理整頓」が行われた後に私たちのルーツがあればこそ、どこかに整えたいという本能が宿っているのかもしれません。

「整理」とは「分ける」ことです。何を食べるか、何を着るか、届いた書類をどうするか……。私たちは、知らず知らず要、不要を分けているのですね。もちろん迷って即決できないこともありますが、できるだけ「その場で決める」ことが何より大切ということを多くのご家庭から学びました。

小さな決断を後まわしにしたツケは、やがて自分や家族に大きな負担となります。そうなると「大片づけ」が必要になり、想定外の時間とエネルギーを費やすことになるのです。

片づけの現場で最もツラい作業は、節約したつもりの〝安もの買い〟が使い切れずに、処分せざるを得ないことです。何でも簡単に届いてしまう昨今、「買う＝処分する責任も買う」ことを心に留めたいと思います。

そしてできるだけ捨てなくてすむような「適量の生活」を目指すには、むやみに「収納」を増やさないことが一番です。モノの量に合わせて収納用品を買い足すのでなく、まずは真剣に必要量を見極める「整理」に、エネルギーの9割を注ぐべきではないでしょうか。

本書では、特にくり返し整理を心がけたい3大ポイント、「キッチン」「書類」「衣類」の実例もご紹介します。片づけに正解はありませんが、モノと空間をくまなく活かして「今」の暮らしを慈しみましょう。

庭のハーブ摘みから、1日が始まります。

片づけは整理9割、収納1割

もくじ

4章 衣類は持ち数の把握から

——これからも着たい服を楽しむ——

＊文中に出てくる「友の会」とは、
全国友の会＝『婦人之友』読者の集まり、のことです。

1章

「整理」とは、必要なものを選ぶこと

――住まいは人が主であってほしい――

ものを買うことは手放す責任まで買うこと

Aタイプも Bタイプも、ものが代謝しない点は共通。ちょっと置くだけのつもりが、そのまま動かなくなる。ものには足がないので家に入れるのも人、出すのも人です。私たちが買ってきたものは私たちが使い切るか、処分しなければなりません。「私、捨てられない人なんです」といっている場合ではありません。「買うということは手放す責任まで買っている」のですから。

ピードが追いついていない。そのことが片づけを大変にしていると思います。

「片づかない」には、いろいろなものが表にあふれているAタイプ、一見きれいだけれど、扉の中などへ押し込めてしまうBタイプがあります。私の実家がBタイプでした。書庫と呼ばれる3畳ほどのスペースにアルバムや読みかけの本、書類などを突っ込んでいくうちに、両親だけでは手がつけられなくなっていました。

「片づかないんです」。そういう方のお宅に呼ばれて、近頃特に多いと感じるのは、買ったものがそのまま入れっぱなし、ちょっと使っただけの置きっぱなしです。今は「ほしいな」と思ってから、手元に届くまでがとても早いですね。皆さんも周りを見てみると、最近増えたものが結構ありませんか？　では逆に、どれだけのものを処分できたでしょうか。ものが入ってくるスピードに、出すス

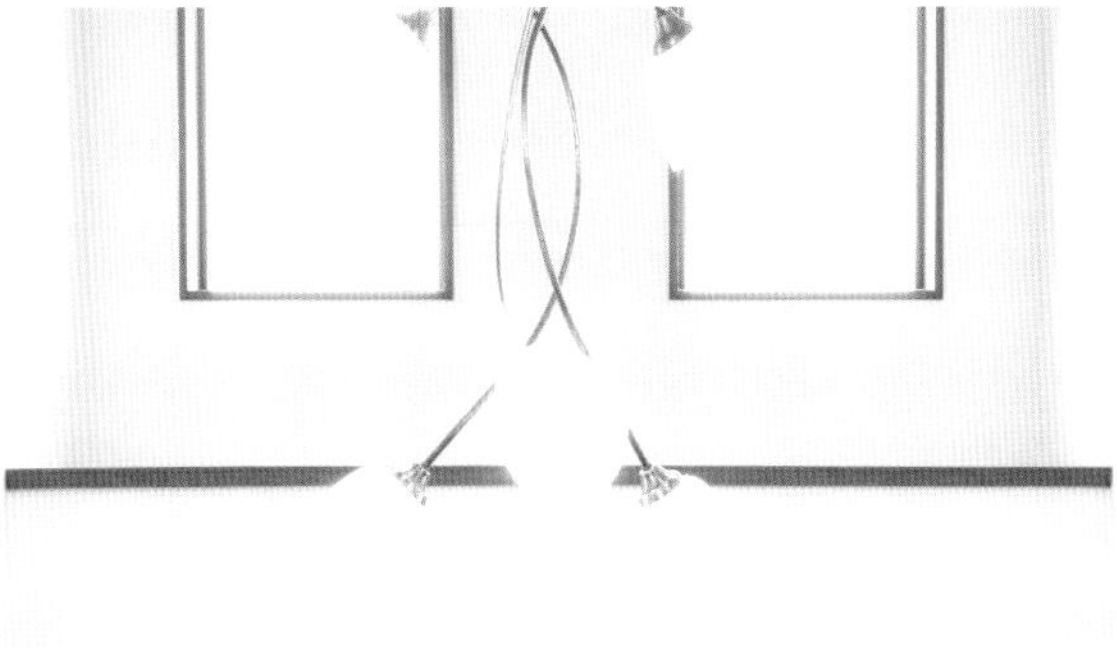

二世帯住宅で娘家族と共用の玄関。吹き抜けの窓から入る自然光で、明るく清々しい。人とものがスムーズに出入りできるように。

忙しい毎日だからこそ、家では
ティータイムを大切にしたい。お
気に入りのペアカップで、くつろぎ
の香りに包まれて。

「片づけなきゃ」のチャイムが鳴っていませんか

「片づかない」「片づかない」が口グセになっていませんか？　私たちは片づけるために生きているのではありません。ただ、生きていくためには後始末がついてくる、ということです。さっと後始末ができるようになるには、「片づけ筋《きん》」が必要です。筋力を鍛える一番の近道は、毎日すること。それ以外にありません。

家というのは、私たちの体と同じ。必要なものを取り込んで、不要なものは出すというあたり前の代謝によって、健康的な体は維持されます。その流れが滞ると具合が悪くなるように、家もあちこちに少しずつ余分なものが滞り始めると、空間がよどんできます。それが、私たち自身を苦しめる連鎖になっているのだと思います。

「いつも頭のどこかで、片づけなきゃ、のチャイムが鳴っている」といった人がいました。

でも、本来私たちは今を生きることで精一杯なはず。朝起きたら、今日の分の食事をつくり、使ったお皿を洗い、洗濯をして、掃除する。そして、今日を精一杯楽しんで生きる方が、いいと思いませんか？

もし今の生活をまわすのに支障をきたすほどなら、片づけを先延ばしにせず、向き合う時間をつくりましょう。

「片づけなきゃ」のチャイムが、鳴りっぱなしにならないように。

「イマヤルノガイチバンハヤイ」

片づけにうかがったお宅でよく聞くのが、「今は片づける時間がありません」という言葉です。子育て中、しごとが忙しい、親の介護をしている……。一生そうして、私たちには時間がないのでしょうか。

「片づけの時間」というのは特別にもらえるものではなく、日々の24時間の中でつくり出さなくてはいけない時間です。

「もう少し時間ができたら」という方もいます。けれど、70歳には70歳の、80歳には80歳のやりたいことがあります。そして90歳になったら体力が追いつかない。だから、今日、イマなのです。イマいらなくなった書類はイマ処分する、今日使わなくなったものは今日処分する。

毎日毎日、適正にしていくという意識が大切。「いつかまとめて捨てます」「これは今度やります」では解決しません。

学校のプリント、町内のお知らせやチラシも、「とりあえず」とテーブルの隅に積まないで。イマ読めるんだと確信を持つこと。A4の紙1枚なら、1～2分あれば目を通せます。保管すべきものだけをその足でファイルに差し込み、そのほかは捨てに行くところまでをしてしまう。それが「イマ」ということです。

後まわしにしない小さな習慣が、暮らしをチューニングしていくのではないでしょうか。

「スナップエンドウが育ってきた」。ほかにも、レタスやイタリアンパセリなど、四季のめぐりがもたらしてくれる恵みに感謝して。

中古住宅をリフォーム。変形五角形の建物が「おもしろい!」と購入の決め手に。ダイニングコーナーの壁紙を貼り替えて変化をつけた。

「輪郭の見える家」を目指しましょう

広いキッチンのあるお宅にうかがった日のことです。キッチンカウンターの上は食材や紙類が山積みで、カウンターの下は、封筒や書類を入れた紙袋がいくつも床置きになっていました。こんなふうに壁と床の境目がもので見えなくなったら危険信号。私がいつもうかがうのは、「家のもともとの輪郭が見えない」お宅です。

キッチンだけではありません。例えば、廊下にミネラルウォーターの箱がずらっと並んだ「廊下水」の家。キッチンに置き場がないから、重いからと、宅配で届いた後も廊下に置いたまま。必要なときにわざわざ取りに行く上、廊下は狭くなって歩きにくそうです。

部屋に入ってすぐのところに、たんすがある家も多いです。毎回、体を横向きにしないと通れませんが、「こうしか置けないんです」とおっしゃる。床をつぶすものを買う場合は、小さなワゴンであってもよくよく検討が必要です。

片づけが進んで、家の輪郭が見えるようになると、皆さん笑顔に。「こんなに明るかったんですね」。ふさぐものがないと、収納の扉も自由に開きますし、廊下もラクにすれ違うことができます（笑）。

住まいは人が主であってほしい。人の動きがスムーズに、ものに妨げられないように、「輪郭の見える家」を目指しましょう。

片づかない原因は「混在」です

整理収納アドバイザーとして思うのは、皆さん収納のことを気にしすぎということです。片づけにうかがう前はたいてい「収納用品は何を買っておいたらいいですか？」と聞かれます。「お願いですから何も買わないでください。雑巾とゴミ袋だけ用意してください」と伝えます。

「うちは収納が少ないんです。だから入らないんです」とおっしゃる方が非常に多いのですが、実は、片づかない原因は「混在」だと思っています。

①時間の混在
②所有者の混在
③目的の混在

この3つが混ざっている場合がほとんどです。過去のものと今が混ざると、今必要なものが取り出せません。所有する人が混ざると、管理の責任が曖昧になります。スキマ収納をしていると、目的の違うもの同士が混ざってしまいます。つまり、最初に整理、分類することが大切ということです。

あらためて「整理」とは何かを考えると、「必要なものを選び、要、不要を分けること」です。必要なものに絞れば、収納にエネルギーを注がなくても収まります。だから整理に9割のエネルギーを注ぎたい。そうすれば収納は1割ですむはずです。

人生は要、不要を決める連続です。後まわしにしないで、代謝させていきましょう。

廊下からダイニングを見る。床、壁、天井の水平、垂直のラインがすべて見え、面も平ら。家の輪郭がはっきりとわかる。

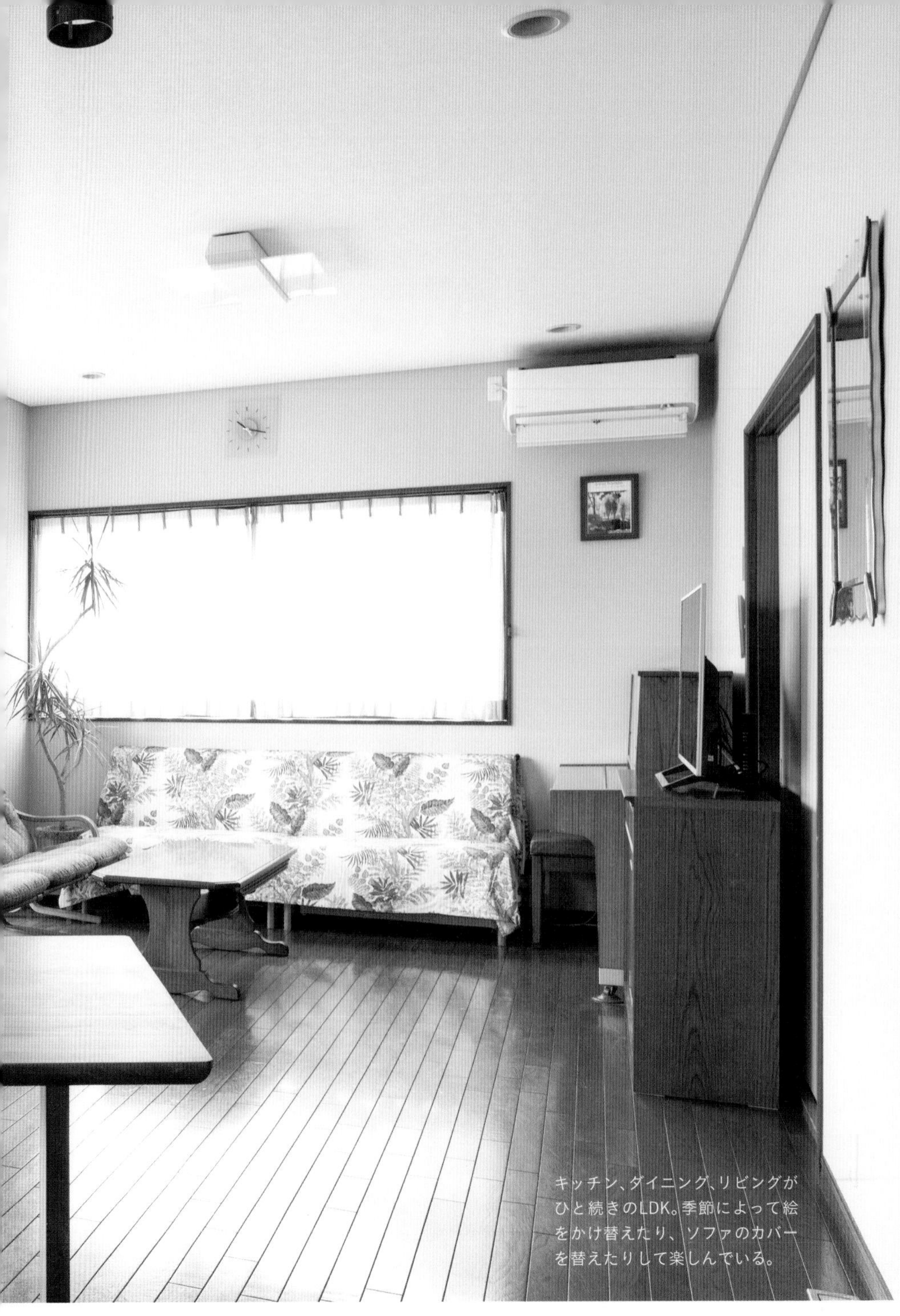
キッチン、ダイニング、リビングがひと続きのLDK。季節によって絵をかけ替えたり、ソファのカバーを替えたりして楽しんでいる。

片づけは「だわへし」の4ステップ

片づけるときの手順を「だわへし」と呼んでいます。

「出す」→「分ける」→「減らす」→「しまう」、この順番で進めます。

だ
わ
へ
＝
整理

「出す」「分ける」「減らす」

し
＝
収納

整理したものを「しまう」

だ

「出す」

棚や引き出しから中身を全部出します。大抵の方は「こんなにあったの?!」とショックを受けますが、一度途方に暮れることも大切。中身を並べ替えるだけでは解決しません。

わ

「分ける」

出したものを種類別に分けます。「いる」「いらない」ではなく、種類で分けることで、自分の持っているものの偏りや買いグセに気づくことができます。

へ

「減らす」

「いる」「いらない」を判断します。ポイントは「これからも使うもの」を選ぶこと。これからも使うもの、大切なものを選ぶことで、自動的に減らすことができます。

し

「しまう」

これからも使いたいと選んだものを、取り出しやすい場所に、すぐ使えるように、出し入れしやすく収めていきます。「収納」のコツについては、次ページをお読みください。

収納
＝
キン・コン・カン

「近く」「コンパクト」「簡単」に。

キン

「近く」

使う場所の近くに収納します。例えば、書類のファイルなら、ふだん書類を見るスペースのそばに、キッチン用品はキッチン内にと、家のあちこちに分散しないようにします。

コン

「コンパクト」

小さく、薄く、コンパクトにします。かさばる箱や包装のままではなく、中身だけを取り出しましょう。保管するものの中身がわかりやすければ、探すのもラクになります。

カン

「簡単」

引き出しや扉を開けたら、簡単にワンアクションで出し入れできること。厳重に包んでしまい込むと、存在すら忘れてしまいがち。怖いのは泥棒より自分の記憶力です。

2章

キッチンは、種類別に整理

――台所しごとがスムーズに――

お困り例
いろいろ 1

何に困っているかを見れば
片づかないキッチンの
共通点が明らかに。

積み上げ

収納ラックに家電、食品、布巾などが目一杯積み上げられている。下のもの、奥のものを取るときには、雪崩が起きることも。食器棚の上にも鍋帽子® や、棚に入らない大きなものをつい載せてしまいがち。

ぎっしり混在

食器棚の中は食器が前後にぎっしり入っていて、ふだんは手前のものしか使っていないそう。食器のほかにも食品、割り箸など混在していて、奥までよく見えない状態。

ぶら下がり

片づけに行くお宅に多いのが、キッチンツールのぶら下げ。そのかわり、引き出しには使っていないものがぎっしり。下げているものは、湯気や油で汚れる上、視界が騒がしく目が疲れる原因にも。

床置きはみ出し

食器棚やラックの中がいっぱいだと、本来そこに入れるべきものを床置きしてしまいがち。そのため、扉が開かず、どんどん床置きが増える悪循環に。キッチンの通路も確保できなくなってしまう。

キッチンが「片づかない」とはどんな状況か、困っている皆さんの例を見ていきましょう。いろいろなケースがありますが、共通しているのは、ものが「動かなくなる」ことです。ぎっしり詰め込まれた食器棚や積み上がったラックの場合、手前や上の方にあるものしか使わなくなります。入り切らないものを床置きするうち、食器棚や収納庫の扉が開けられなくなるケースも多いです。するとそこは開かずの扉となり、扉の中が「動かなくなる」のです。

こうしたお宅を見るたび、もう少しよどみが軽いうちに、ほぐすことができていたらと思います。つまり、片づけは小さい後始末の連続。頭で考えるより、手を動かす習慣ではないでしょうか。

整理 1

カテゴリー別に整理

おおまかに5つのカテゴリーに分けます。①鍋類・家電 ②調理器具 ③食器 ④食料品(常温保存) ⑤消耗品 まずは、判断しやすい①から始めるのがおすすめです。

／使いやすい＼ キッチン整理のポイント

家の中でも、ものの数が多いのがキッチン。効率的な進め方はこちら。

キッチンの「だわへし」の場合、「鍋類・家電」「食器」など、カテゴリー別に進めます。あちこちにしまわれているものでも、同じカテゴリーならすべて出しましょう。ただし、1日に1カテゴリーずつの気持ちで。全部いっぺんに出してしまうと、その日の夕食をつくれなくなります(笑)。

「へ」(減らす)では、これからも使いたい〝レギュラー〟を選びます。

整理

2

レギュラーを選ぶ

同じようなものがいくつもあったら、「一番使いやすいもの」を選びます。「高かった」「誰かからもらった」ではなく、これからの人生で使いたいものをセレクト。

整理

3

ストックは食べ切れる分だけ

ストックの量が多いと、わざわざ古くして食べることに。賞味期限切れを捨てるのは、心が痛みます。非常用の食材も回転させながら、食べ切れる分だけ持つことを意識。

迷ったら
軽い方

同じくらいのサイズのものが２つあったら、どちらかは使っていないはず。１つ選ぶなら軽くて洗いやすい方を。

同じサイズは
1つだけ

お玉や木べらなど、同じサイズのものがいくつもあったら1つに絞ると決めておくと、スムーズに選べる。

整理

4

中身が見える透明容器

常備菜や残りおかずは、中身が見える透明容器で保存するのがおすすめ。中が見えないと、冷蔵庫内で、何がどのくらいあるかの把握が、難しくなってしまいます。

整理

5

思い出を減らす

キッチン片づけの意外な難物が、子どもが愛用していた食器やお弁当箱。残すと決めたら「思い出」の箱に。食器棚には「今の生活に必要」「これからも使う」ものだけを。

ふたも透明なら
一目瞭然。

保存容器は、ふたも透明なタイプが便利。上から見ても中身がわかり、ラベルを貼れば迷うこともありません。

収納 1

床置きしない

置き場所が決まっていないと、買ってきたものは〝とりあえず置き〟に。すると、床置きのものが増殖し、扉の中は死蔵品に。

収納 2

スキマに入れない

食器の間にストック用の食品、調理器具の棚に箱入り菓子。いずれも賞味期限切れというケースが散見。スキマ収納は混在の原因です。

収納 3

ぶら下げない

マグネットやS字フックで調理器具をぶら下げると、ホコリ、湯気、油で汚れます。ぶら下げている壁も掃除しにくく、不衛生に。

／使いやすい／ キッチン収納のポイント

すべての置き場所を決めると、〝とりあえず置き〟がなくなります。

キッチンは、家の中でもさまざまなカテゴリーのものが集まるところですから、まずは整理をきっちりと。また、食材は量の増減があるので、無理のない置き場所を決めることが大切です。上の3つのポイントに加え、作業動線に合った位置を意識してください。

何も出ていない平らな調理台、ものを動かさずにスッと開く扉は、台所しごとがはかどり、安全で気持ちのよいものです。

困っています！Hさんビフォーアフター

「台所しごとに疲れます」

Lesson!

3台のワゴンで扉が開かない。

吊り戸棚には飯台やお菓子の型など、ふだん使わない器具、布巾、ネット類や薬までが混在。

3人の男の子を育て、現在は夫と末っ子の高校生と3LDKのマンションで暮らすHさん（50代）。毎日、仕事でヘトヘトになって帰宅し、夕食をつくるだけで精一杯だといいます。

Hさんのキッチンはマンションに多いストレート型。コンロ、調理台、シンクがまっすぐに並んでいます。突き当たりの壁の前にワゴンが3台、調理台の上には大きな食洗機がでん！とありました。そして「ときどき座りたくなる」と丸椅子も置いてあります。

シンク下は棚やボックスで仕切られているものの、調味料、洗剤、掃除道具がぎゅうぎゅう詰めに。

「カテゴリーごとに、だわへし」

1 鍋類・家電
2 調理器具
3 食器
4 食料品
5 消耗品

キッチンの突き当たりの壁の前に、何か置いてしまうことはよくあります。そうすると、ワゴンの両横の棚の扉は、もれなく開かなくなります。「突き当たりあるある」で、こういう状態になると、扉の中に入れたかったものをつい床置きにしてしまいがちです。

食器棚や吊り戸棚、シンク下を開けてみるとどこもぎっしり。特に食器棚は前後に押し込まれていて、棚板がたわんでいます。ストックも、どこを開けてもいっぱいで、量が把握できない。心配だからまた買う、という循環になってしまったようです。キッチンは毎日使う場所なので、ものの代謝が滞るとたちまち不便に。まずは「今使っているものだけ」に整理し直しましょう。

だわ　大まかに分けながら出す

鍋、フライパン、家電と、種類別に出すと、同じサイズのものの重複が一目瞭然。

カテゴリー別に「だわへし」を進めていきます。まずはわかりやすい「鍋類・家電」から。このとき「減らす」ことは考えません。

次はこの中から、これからも使いたいものを選ぶ作業。このときHさんが選んだのは、一見新しくきれいなものではなく、よく使い込まれた鍋でした。揚げもの専用という鍋は焦げていて大丈夫？と思いましたが、「お弁当づくりには欠かせない」と。道具は使い慣れたものがいいのですね。

こうして選んだ後は、最初の数から半分くらいに減っていました。つまり「選ぶ」ということは自動的に「減る」ということなのです。

鍋類は、すべてコンロ下の棚（左ページ写真）にスッと収まりました。

へ　使いたいものだけを選ぶ

左側がきれいに見えますが、実際にHさんが選んだのは右側。どれも使い込んだ調理器具ばかり。

し　取り出しやすくしまう

コンロ下の棚に収納。取っ手を右方向にして、右利きのHさんがサッと取り出せるように。

After

Before

キッチンやリビングに点在していた家電をスチールラックに集約。スムーズな家事動線に。

After

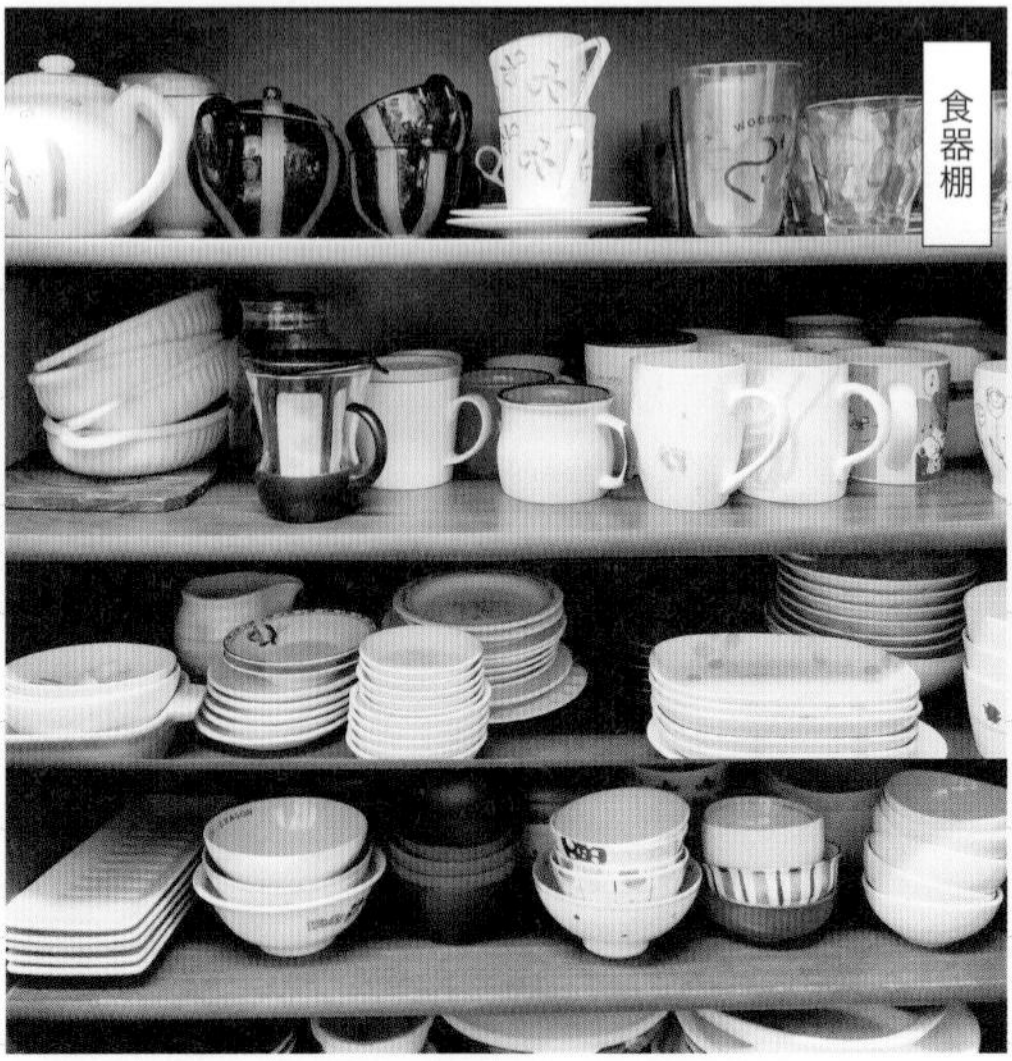

Before

これからも使うと決めた食器だけにしたら、ぐんと出し入れがしやすく。

After

Before

ものを減らしたら、元々あった収納にすっきり
収まってワゴンが不要に。掃除もラクラク。

After

Before

混在していた洗剤、ゴミ袋、調味料は、種類別
に分けてカゴや缶に。使いやすくなりました。

井田家のキッチン

キッチンのあり方に正解はありません。家のつくりも家族形態も、生活も違うので、100家庭あれば、100通りです。

わが家は、娘家族と同居して6年。私たち夫婦は1階、娘たちは2階に住んでいますが、娘がフルタイムで働くようになり、私が月曜から金曜まで、娘たちの分の夕食もつくるようになりました(材料費はもらっていますよ)。

そんなわけで、日々フル回転のキッチンですが、毎日〝平ら〟にしている場所が3か所あります。

1食卓の上

2調理台の上

3シンクの中

寝る前にはこの状態にすることを目標にしています。

調理台から振り向いたところに食器棚があります。ここにふだん使いの食器からお正月に使うお重、電子レンジなどの家電まで入っています。引き出し部分は文具入れと書類入れ。食卓で仕事もしますが、食事をするときや夜寝る前にはここにサーッとしまいます。

生活というのはビフォーとアフターだけではなく、いつでも動いているものです。その中で1日1回のリセットができたら、その日をよどみなく終えられたということ。また明日からも、暮らしをめぐらせることができると思うのです。

鍋・フライパン

精選し、使い込んだレギュラー陣を
出し入れしやすく収納。

調理台下2段目

調味料についてはP46。

ボックスファイルを利用して、
フライパンは立てて収納。

すべての鍋と
フライパンがここに。

右手で取り出しやすいように、
鍋の柄は右側に。

鍋とフライパンは調理台下の、上から2番目の引き出しに入れています。深さがある分、フライパンを立てて置き、鍋はふたとセットにして出し入れを手軽に。セイロは吊り戸棚に入らなかったので、思い切って処分しました。

鍋6つにフライパン1つ、卵焼き器ですべてです。過去の買いものの失敗の経験から、今は「あったらいいな」くらいでは買わなくなりました。下の写真の5つは特に使用頻度が高く、日々欠かせないレギュラーばかり。以前は、圧力鍋も愛用していましたが、今は軽くて、ラクに洗える素材のものに落ち着きました。

両手鍋・蒸し鍋
(直径26cm 和平フレイズ)

蒸し台つきの鍋のおかげで、蒸し料理がぐっと身近に。少量の湯で短時間で蒸し上がる。鍋は茹でもの、煮ものにも。ステンレス製。

ご飯鍋
(直径16cm ビタクラフト)

炊飯器ではなく、鍋と鍋帽子®でご飯炊き。沸騰したら弱火で5分。火を止め鍋帽子をかぶせて15分。(米3合や、豆300gにもちょうどよい)

両手鍋
(直径28cm クリステル)

煮込み、スープのほか、ひと並べにしたい魚料理にも。熱伝導のよい3層構造で、持ち手が短く、冷蔵庫に入れられるのもポイント。

フライパン深型
(直径26cm)

ランチに夫がつくる「フライパンパスタ」はこれで。パスタは半分に折って入れる。汁気の多い料理に向き、周りも汚れにくい。

かぼちゃもホクホク

両手鍋に蒸し台をセットしてふたをするだけ。孫たちも大好きな蒸しかぼちゃは、そのままでおいしく、サラダやスープに展開することも。

片手鍋
(直径16cm ジオ・プロダクト)

2人分の味噌汁づくりにぴったり。汁ものの温め直しにも重宝する小型の片手鍋。ふたがガラス製なので、中が見えるのも重宝。

＊このほか、直径14cmの片手鍋(無印良品)、直径24cmの天ぷら鍋深型、卵焼き器がある。

調理器具

愛用の調理器具を作業しやすく収納。
仕切りを活用して種類別に並べて。

水周りで使うものは
シンクのそばに。

指1本分のスキマ

ボウルやザルは40年選手のものも。重ねたときに指1本分のスキマがあると取り出しやすい。同サイズを重ねないこと。

保存容器は透明なもの

耐熱性のガラス容器は熱いものでも入れられ、そのまま食卓にも出せるので便利。冷凍用には透明なプラスチック素材のものを使用。

シンク下の引き出し（写真P42）には水周りで使うボウル、ザル、保存容器、水筒などを入れています。

コンロに近い引き出しの1段目（写真下）は左半分に調理器具、ダイニングテーブルに近い右側にカトラリーが入っています。引き出しの幅が広いので、牛乳パックで仕切りをつくり、使っています。長さを足したり、幅を縮めたり、収めたいものに合わせて自由自在。市販の仕切りより融通が効きます。

調理器具は左から「下ごしらえ」「はかる」「混ぜる」「よそう」「ひっくり返す」の順番。作業順に並べておくとスムーズです。

調理器具は丈夫なステンレス製を愛用。毎日使うものが手前、ときどき使うものは奥に。

カトラリーは、家族もお客様用も分けずに、同じもので揃えて。

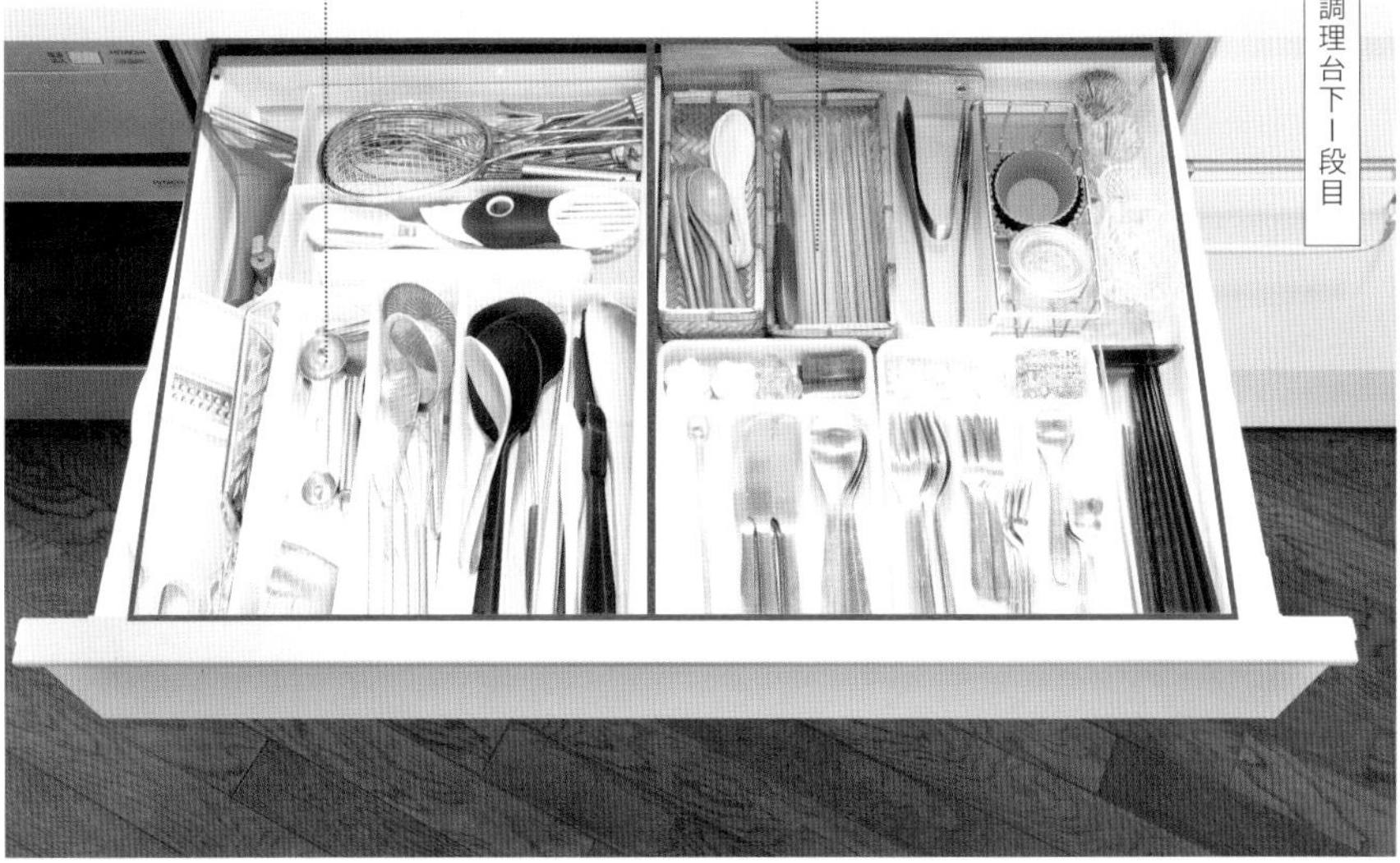

調理台下1段目

使いやすいマッシャー（下村企販）

同じく燕三条のマッシャー。小型で力が入れやすく、つぶしやすい形状。ツナ缶の油切りにも。

油切れのよいカス揚げ（新越ワークス）

新潟の燕三条でつくられたステンレス製カス揚げ。網面がスリットタイプで油切れがよく、洗いやすい。

食器・家電

すべてを箱から出して、いつでも使える
状態に。焼きものの器を使う楽しみも。

遊び心で選ぶ

おおらかな水玉模様にひと目惚れ。夫が担当する平日のランチにはもっぱらこの丼が登場。うどんやそばに、軽くて持ちやすい。

お茶碗もシックに

片手にすっぽり収まる形が珍しくて買い求めたご飯茶碗。シックなグレーも好み。毎日、お気に入りを使えるのが嬉しい。

手捻りの器にも挑戦

手捻りの1点ものの器を使ってみたら、日々の食卓にもわくわくする変化が。「漬けものひとつとっても、おいしそうに見えます」

食器棚の左半分に（写真P44）、ふだん使うすべての食器が入っています。お正月に使う塗りのお椀は右側の最上段（写真下）。特別な器もふだん使いと同じ食器棚です。子育て中は、補充しやすい白で揃えていましたが、今は夫婦で気になった器を取り入れる余裕も生まれました。

食器棚には電子レンジやフードプロセッサーなど、調理家電のほとんどを収納。棚にコンセントが内蔵されているので、入れたまま使うことができます。卓上で使うフライヤーやホットプレートは、食卓に近いシンク下の引き出しに入れて、出し入れしやすく。

お菓子、パンづくりの道具

カラーボックスの一番上はトースター。1段目には料理本10冊。2段目のカゴにはお菓子の型。3段目はパンこねに使う餅つき器。

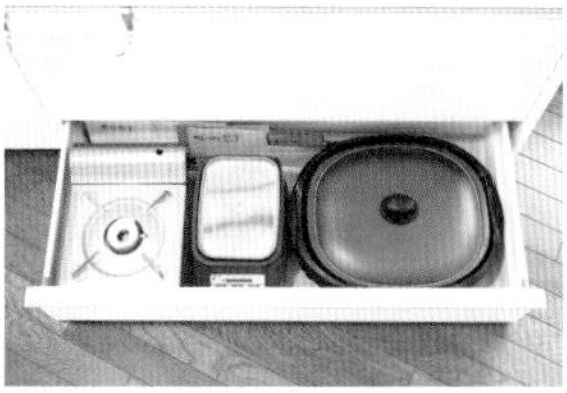

卓上家電は引き出しへ

シンク下の最下段の引き出しにはカセットコンロ、フライヤー、ホットプレートなど。箱から出し、すぐ使える状態にして収納。

調味料・消耗品

調味料も消耗品も使い切ってから買う。
だから、ストックの置き場に悩みません。

調理台下2段目

なくなってから買う

ラップとアルミホイルは1本ずつ。なくなったら調味料と同様、スマホのメモ欄に書いておき、次の買いもので買う。ストックはなし。

鍋を入れた引き出しの左側は、深さがあるので基本調味料のボトルを置いています。上から見てわかるようにみりんの「み」、酒の「さ」、お酢の「す」、醤油の「し」と書いておきます。みりんがなくなってこの指定席が空いたら、スマホのメモ欄に書き、次の買いもので買う。ストックはありません。調味料が切れても、別のもので代用する工夫が楽しいのです。

食器棚の壁面に立てているラックは夫のDIY。茶葉やきなこ、片栗粉、ごま、赤唐辛子やベイリーフ、塩、砂糖などは保存瓶に移し、ラベルを貼ってあるので、夫もひと目でわかります。

保存瓶も見える化

透明な瓶に入れておけば残量もすぐわかる。ここにあるだけと思えば、ダブり買いも防げる。写真は庭で採れたベイリーフと赤唐辛子。

食品ストック

食品ストックは常温保存と冷凍保存がメイン。
どちらも日々使いながらめぐらせます。

調理台下最下段

床下収納

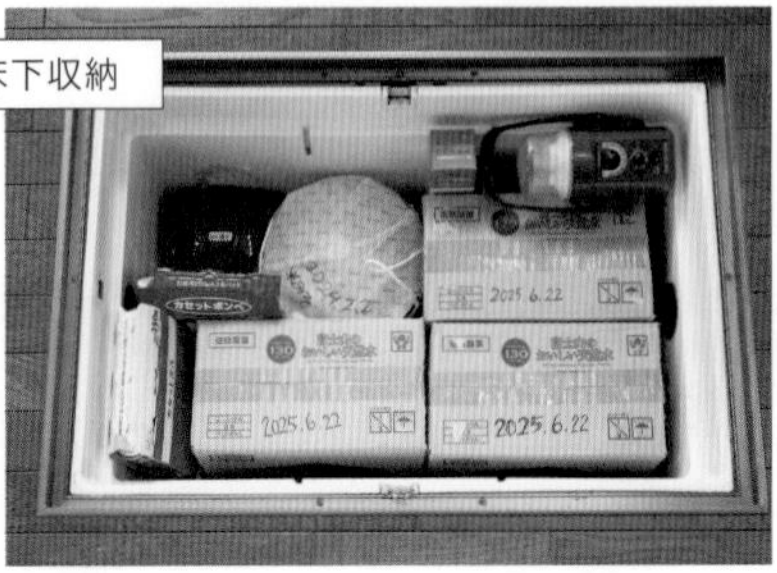

非常用に、米、水、味噌、梅干し、梅酒、ガスカートリッジ、ランプ。

ストッカー

紙袋の活用法

まちの広い紙袋の口を内側に2回折ると、ボックス収納として使える容れ物に。じゃが芋、玉ねぎはこれに入れて、汚れたら交換する。

食品ストックは調理台下の一番下の引き出しに入っています。1週間分のじゃが芋と玉ねぎ。ツナ缶、サバ缶、トマト缶や、ランチ用の乾麺とパン用の強力粉など粉類。引き出しが浅いので、全部見渡せます。

椎茸やひじきなどの乾物は、買った当日に戻します。乾物も、買った日が一番新鮮。戻しておけば、食べ損じもありません。戻り具合によって時間差で調理し、小分けにして冷凍、約1か月で食べ切ります。

食器棚脇のストッカーには米5kgなど、非常用として床下に米、水、味噌、梅干し、梅酒。わが家の食品ストックはこれで全部です。

冷蔵庫の余白

庫内のふだんの状態。2段目に常備菜や残りおかず、3段目に味噌、糠漬けとパンのお供。中板は1枚抜き、鍋ごと入れられるように。

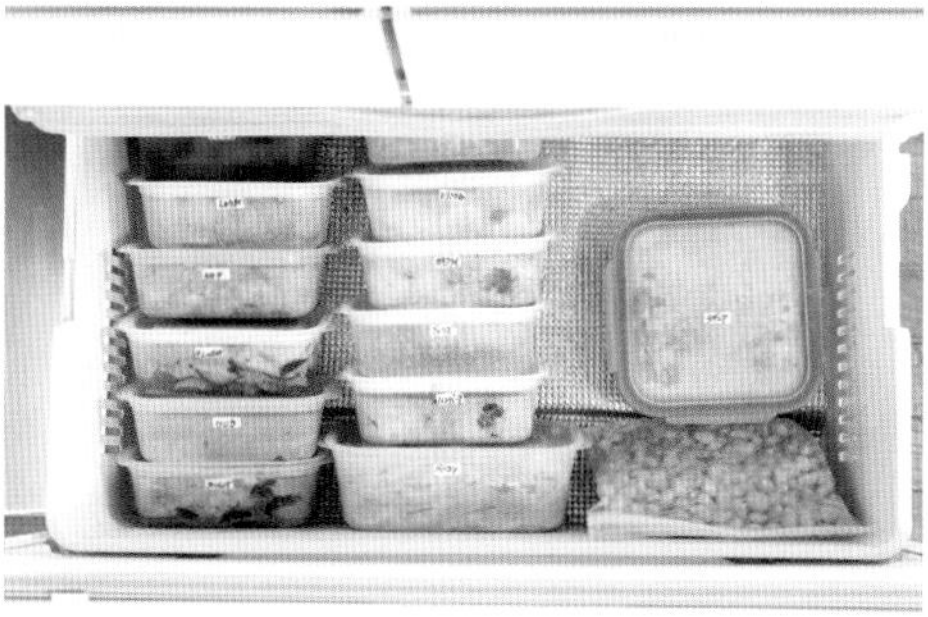

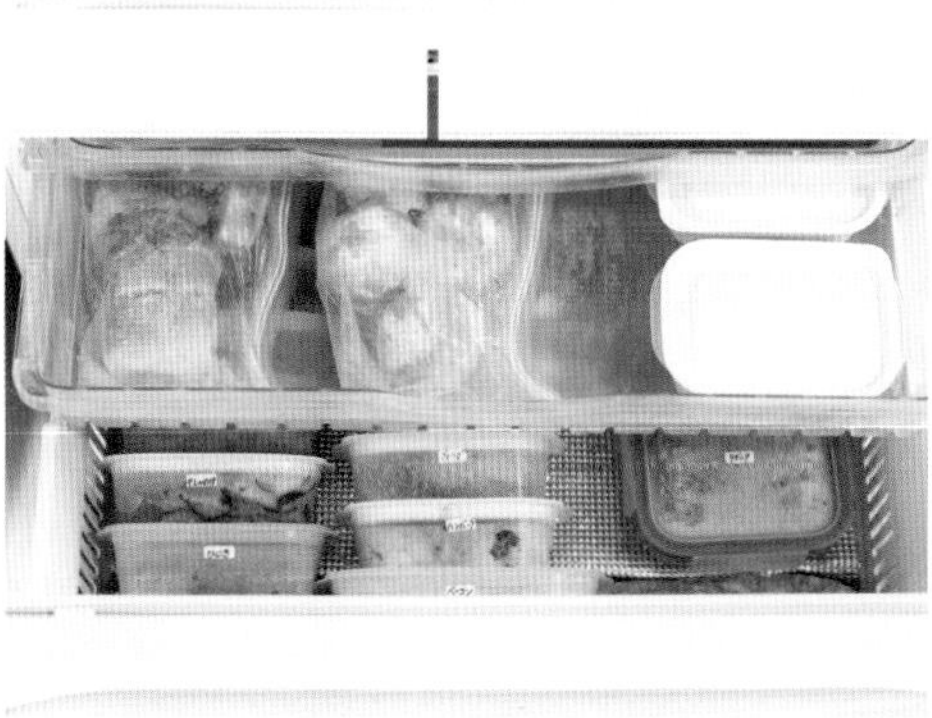

冷凍庫は重ねず立てて

乾物は調理して冷凍庫へ。透明容器に入れてラベルを貼り、立てて収納（写真上）。非常時は、冷凍品が非常食に。上段のトレーにはご飯とパン（写真下）。

片づいたキッチンは料理もはかどります

シンク内に置きっぱなしがない、洗いカゴが空になっている……など、台所がスッキリ片づいていると、すぐ料理にとりかかれます。後始末から始まる家事は、マイナスからのスタート。気持ちよく始められると、作業もぐんとはかどりますよ。

週に1時間の「手間の貯金」タイム

週１回の野菜の買い出し

わが家の１週間に必要な野菜は約8kg。上のカゴにおよそ１杯。１週間分を近所の八百屋で買い、約１時間を目処にその日のうちに下ごしらえ。

Before

After

下ごしらえ完了！

刻んだり漬けたり、茹でたり蒸したり、下ごしらえした野菜がずらり。すぐ食べられる状態にしておくと、気持ちがラクに。

野菜を“プール”に

野菜は全部袋から出し、洗うことからスタート。まずボウルに水を張り、野菜を“プール”に入れる。汚れの少ないものから順番に。

←

洗っておくひと手間を

買ってきた野菜は、袋から出して洗うところまでは必ずする。拭いて保存容器に入れて冷蔵庫にしまうほか、刻んだり、蒸したりも。

←

“袋退治”でスッキリ

包装用のラップや袋はゴミ箱の中でふくらまないように、空気を抜いてまとめるとこれだけに。ゴミのかさを減らす工夫も大切。

緑の野菜は茹でる

蒸したお湯が熱いうちに
その湯で茹で野菜を。

ブロッコリー

青菜

アクの少ない野菜から

必要なら差し湯をして。ブロッコリーは水気を切り、ほうれん草は水にさらして絞り、刻んで容器に。

硬い野菜は蒸す

硬い野菜は蒸しておけば
調理時間を短縮できる。

ほくほく蒸しかぼちゃ

蒸しかぼちゃをつくっておけば、煮ものもソテーも軽く火を通すだけ。そのままでも甘くおいしい。

れんこんは厚めに切って

れんこんは皮をむいて蒸し、家族が好きなサラダに。ガラス容器は耐熱なので熱いまま入れられる。

野菜がスタンバイ

できた順に並べていくと成果が見えて楽しい。蒸し野菜はいろいろな展開ができる頼もしい存在。

キャベツは3通りの食べ方を

キャベツは1/3ずつ、
違う方法で下ごしらえ。

ジッパーつき保存袋へ

ジッパーつき保存袋に入れ、空気を抜いて冷蔵庫へ。こうすると調味料が早くなじむので、夕食には食べられる。容器も目的に応じて使い分けて。

にんじんはスライサーで

キャベツだけでもよいが、彩りににんじんを。せん切りはスライサーで手早く。塩、砂糖少々を加え、米酢とオリーブオイル、こしょうで調味。よく混ぜる。

ふわふわのせん切りに

最近レギュラー入りしたキャベツ用のピーラーを使うと、ふわふわのせん切りがあっという間に。葉の断面に刃を当てて、シュッシュッと削るように。

〈生食用・上 1/3〉

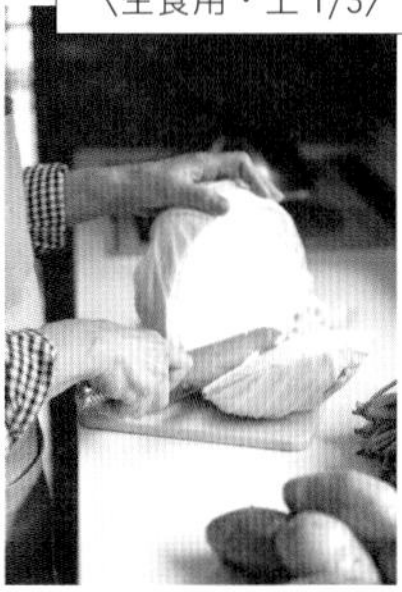

上1/3は生食

キャベツは丸のまま冷蔵庫に入れず、3 等分して、3 通りの調理法を楽しむ。葉先は柔らかいのでサラダなど生で食べる。まず上部1/3 をカット。

蒸し汁ごと容器へ

野菜の蒸し汁には栄養があるので、蒸し汁ごと容器へ。これにおろし玉ねぎドレッシングをかけると、孫たちもモリモリ食べる。

〈蒸しもの用・
下 2/3 の半分〉

一度に蒸す

もう 1 つは芯を取り、放射線状に約 5 等分し、蒸し台に並べる。蒸すとかさが減るので、多少ぎゅうぎゅう詰めでもOK。

〈冷蔵ストック用・
下 2/3 の半分〉

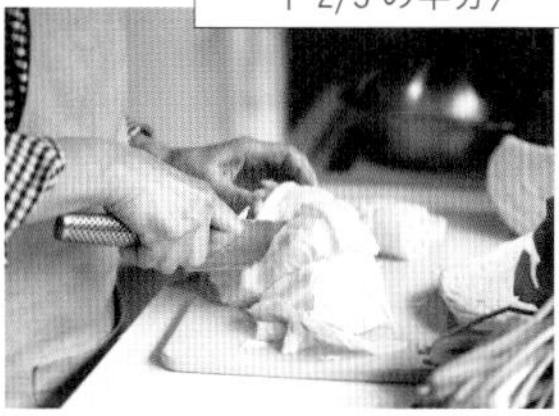

切る

残ったキャベツ 2/3 は、縦半分に切る。1 つはこの状態で保存袋に入れて冷蔵保存し、後日炒めものやスープに。

蒸し野菜には、おろし玉ねぎドレッシング

玉ねぎ 1/2 個・にんじん 1/4 本・白すり胡麻 30g・おろしにんにく適量・油 80~100ml・酢、醤油各 50ml・砂糖 20g

600g野菜の塩水漬け

重石いらずの即席漬け。
お弁当にもぴったり。

彩りを考えて野菜を選ぶ

かぶ、きゅうり、パプリカを合わせて600g用意する。保存瓶は1300mlの容量のものを使用。

大きさを揃えて切る

かぶは1cm厚さのくし切り、きゅうりは乱切り、パプリカは1cm幅に切り、保存瓶に入れる。

彩りよく詰める

野菜を瓶にきっちり詰める。漬かるとかさが減るので、瓶に対しこのくらいの量があってよい。

塩水を注ぐ

水2カップ・酒50ml・塩大さじ1・赤唐辛子2本を煮立て、粗熱が取れたら瓶に注ぐ。

逆さにして冷ます

ふたをして逆さにし、冷めたらふたを上にして冷蔵庫へ。こうすると塩水が全体にまわり、早く漬かる。

＼これで安心！／

乾物は買ってきた日に戻し、
調理→フリージング→1か月で食べ切る

乾物の戻し時間に応じて
調理は時間差で。

買ってきたら…

戻す

干し椎茸　きくらげ　大豆　切り干し大根

煮る鍋で戻す

そのまま調理するものは、煮る鍋で戻す。きくらげは2日間(水を替えながら)、大豆は一晩、切り干し大根は20分ほど。

干し椎茸は袋のまま戻す

干し椎茸の袋の上部を切り、乾燥剤と敷紙を出し、水3カップを。口を留め、冷蔵庫で2～3日おく。

フリージング

乾物は煮ものにして冷凍

(左上から時計回りに)
左上:椎茸は薄味で煮て半量を薄切りに。軸は刻む。 右上:丸のままの椎茸。取り出しやすいように2～3枚ずつラップで仕切る。右中:茹で大豆は水気を切って冷凍。使う分だけ折って取り出す。右下:切り干し大根はにんじん、ちくわと煮ものに。 左下:きくらげはえのき茸を入れ、砂糖2:酢2:醤油2:みりん1で煮る。

モーニングルーティーン

キッチン編

朝は6時に自然に目が覚めます。顔を洗い、身支度を整えたら朝食の準備です。このときのキッチンはまっさらな状態。朝、食器を拭くところから始めるのがいやなので、夜寝る前はシンクを空にしておきます。調理台、食卓も何も出ていない平らな状態にリセットしておくことも習慣です。

朝食はパンの日とご飯の日が1日おき。パンは週に一度まとめて焼き、冷凍しておきます。主食のほかは、基本的に冷蔵庫にある蒸し野菜や茹で野菜、ピクルス、野菜スープ、乾物の煮ものなどを盛り合わせるだけなので、迷うこともありません。一からつくるものはないので、支度は10分程。

ささやかですが、庭の恵みを食卓に添えるのも楽しみ。プランターにも少しずつ変化があって、豊かな自然のめぐりが感じられます。

1

ハーブを摘んで

プランターで育てたイタリアンパセリ。庭の小さな畑ではレタスや小松菜、ねぎなど、あると便利な青ものを1年中栽培。

2

カトラリーを用意

カトラリーは調理台の一番上の引き出しに入っているので、一歩も動かずトレーに並べるだけ。

3

パンを温める

冷凍しておいたパンをトースターで温める。最近は粉の半量をご飯に置き換えた「もっちりごパン」がお気に入り。

4

ヨーグルトは欠かさない

牛乳1ℓに市販のヨーグルト(R-1)50mlを混ぜて発酵させた、ホームメイドのヨーグルトを毎朝必ず。

5

冷蔵庫から取り出したのは?

塩水漬け、茹で卵、蒸し鶏は、買いものから帰った後の1時間で仕込んでおいたもの。

6

ポタージュを温める

昨晩つくって鍋ごと冷蔵庫に入れておいた汁ものを温めて。今朝はごぼうのポタージュ。

庭のイタリアンパセリをぱらり

7

調理済みの野菜があれば

塩水漬けやコールスローがあれば、朝から野菜を切る手間をかけずに、たっぷり野菜が食べられる。

8

彩りよく整えて……

あとはパンが焼けるのを待つだけ。夏はスムージーにすることも。「手間の貯金」のおかげで風邪知らず。

庭で採れたレモンを蜂蜜漬けに

最後にたっぷりのコーヒーを用意して。食品ロス一切なしの食卓には、栄養面にとどまらない豊かさがあり、満足度が高い。

食品ロスを出したくない

新婚時代は経済的な余裕がなかったので、「食べものを捨てるのだけはやめよう」と心に決め、それだけは守り続けてきました。私が誇れることがあるとしたら、冷蔵庫の中の野菜を腐らせたことは一度もない、ということくらいです。

　しごとで訪問する先で何より胸が痛むのは、食品を捨てること。多くの家に、期限切れのおいしいものや贅沢なものがあふれています。ちょっと豊かなことに慣れていて、足りないと困るからと多めに買ったり、食べ切れないほどお菓子を置いたりしている。それが結局食品ロスになるのです。

　今のわが家が1週間に買う野菜は約8kg。目安の量から考えると5～6日分なので、ちょっと足りないくらい。毎週月曜日に買いものに行くので、週末になると冷蔵庫はガラガラ。「どうする?」となりますが、それでも冷凍庫のストックを探したり、庭の畑から葉っぱを摘んできてなんとかします。

　少しだけ残った食材に、粉や卵をプラスして、1品つくることも。大したことはできませんが、もう1品を生み出す創意工夫が、ゲームのようでおもしろいのです。「冷蔵庫はガラガラだったけど、食卓を囲めたね」と、家族みんなも笑顔になります。

　お料理上手な人ほど、たくさん買いものをしがちです。でも、調理が間に合わないほど買うのはやめて、「ちょっと足りないかな」と思う量で生活してみませんか。そうすれば、新たな楽しさが発見できるはずです。

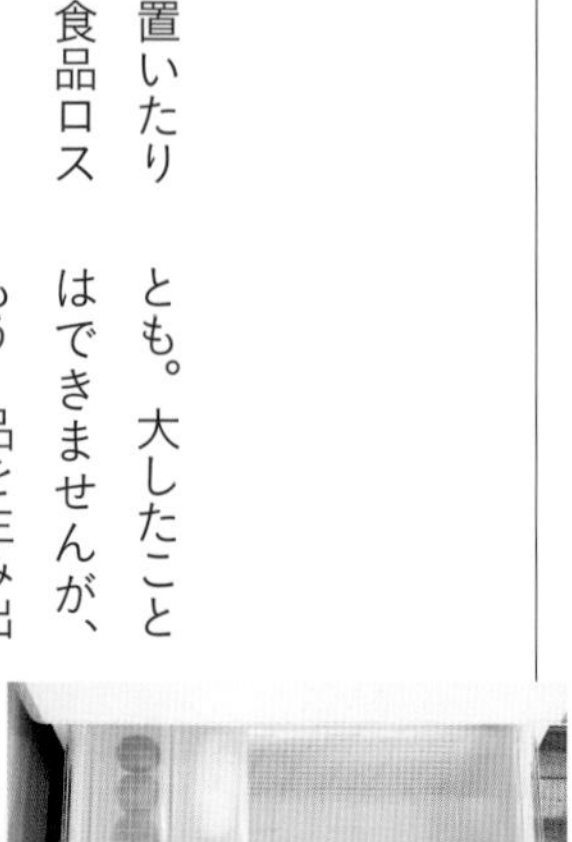

3章

書類は、活用するために整理

―あれどこ？ がなくなります―

紙も
積もれば
一大事!

お困り例
いろいろ 2

積んだりしまい込んだら
手がつけられなくなる。
書類の山が家を侵食中。

横置きをすると下から腐る

上・食事のたびに食卓に広げていたものをカゴに入れ、椅子の上にちょっと置く。そのうちカゴが積み上がり、下の方は“固まった”まま。下・あらゆるスキマに手紙や書類が差し込まれ、凝り固まったリビングの棚。

袋のまま置く
ポケットファイルにしまう

カウンター下の棚には取扱説明書や古い書類のファイル、袋に入ったままの手芸のキットなど。ポケットファイルは入れるのは簡単だけれど、出すのが面倒。一度入れてしまうと、更新されず、そのままになりがち。

「いつのまにかたまって、横にすると下から腐るものはなんでしょう？」。答えは書類です。今は何らかの紙が家に入ってこない日はないというくらい、私たちは紙と戦っています。問題はその置き方です。「今、時間がないからとりあえず置いておこう」ということがあると思います。この〝とりあえず〟が曲者。書類が平積みになると、下の方はチェックできなくなります。横にして積んだら最後、下から腐っていくのです。

一枚一枚は小さな紙切れ、メモ、薄い紙。「ちりつも」といいますが、私は「紙つも」だと思います。紙が積もると本当に怖い。紙の整理は、実は一番時間がかかります。どうしたら堆積しないシステムができるか、考えていきましょう。

整理 1

届いたら大仕分け

ポストに届いたものはさっと目を通して、不要と思う投げ込みチラシを片手に、保管が必要な重要書類はもう一方の手に。その場でまず、2つに分けること。

整理 2

袋から出す

袋のまま置いておくと中身がわからなくなり、たまっていく一方。全部開封して外封筒やチラシは処分、手紙やカード明細など必要な書類のみに。⅓量に減るはず。

＼代謝する／

書類整理のポイント

「今日の紙は今日分ける」
手にしたその日のうちに
種類別に分けること。

書類を「取っておく」。それだけでは〝紙つも〟になる危険があります。届いたその日のうちに分類しないと大変なことになるのです。まず全部封筒から出し、目を通します。A4サイズ1枚なら、1～2分あれば読めますから、いる・いらないをここで判断。取っておくものは「流動」「固定」「愛着」の3種類に分けます。日々流れ込んでくる紙の多くは「流動」です。量が膨大なので、さらにジャンル別に分けていきます。

整理

3

「いる？」「いらない？」ふるいにかける

取っておく基準は「次、いつ見るか？」。具体的に浮かばないなら思い切って処分を。思い出として残すならできるだけコンパクトに。「見るかも」は判断の先送りです。

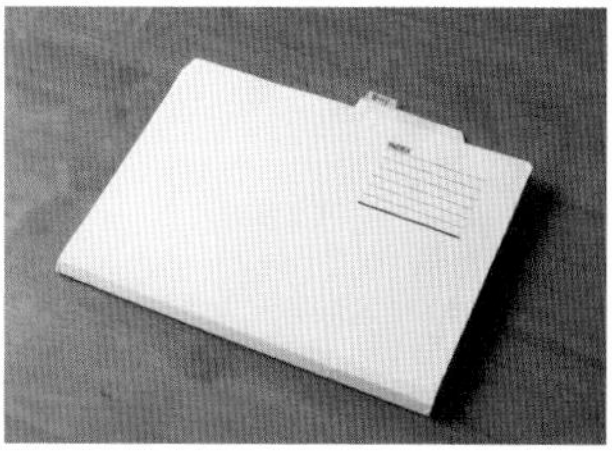

種類別にフォルダーを用意

書類の分類には、厚紙が二つ折りになった紙フォルダーが便利。「片づけ」「食」「SDGs」などジャンル別に挟むだけ。

短期保存は代謝よく

一時的な書類の保管には、出し入れの簡単なフォルダータイプがおすすめ。ここがいっぱいになったら見直して更新を。

整理

4

「いる」ものは3つに分類

保存期間によって3種類に分けます。「流動」「固定」「愛着」と覚えて、判断していきます。それぞれの置き場所を決めておくと、〝ちょっと置き〟がなくなります。

A 流動　お知らせや会議の資料など。

B 固定　家の契約書、保険証書など。

C 愛着　手紙や子どもの作品など。

友の会の資料も
その日に分類

友の会用には6ポケットのファイル。会に持参し、もらった書類を「もより」「家計」などジャンル別に分類。

収納

1

出し入れしやすいこと

「流動」「固定」「愛着」と分けるのは、どれも活用することが目的。大事だからとしまい込むのではなく、できるだけコンパクトにして簡単に出し入れできる方法で保管を。

収納

2

使う場所のそばに

「流動」「固定」の書類は、家庭事務をする場所の近くに置き場所を決めましょう。「愛着」のものはいつでも手に取れるところに置き、家族がくり返し見られるように。

／代謝する／

書類収納のポイント

「使う場所の近く」を定位置に。紛れないよう保管の仕方にも工夫を。

書類管理は家庭事務の要。きれいにファイリングしたり、白いボックスで揃えることよりも、「必要なときに活用できる」、これが一番大事なこと。特に書類は、A4用紙など見た目が一緒。紛れてしまうと発見しにくいので、分類して名前をつけ、定位置に保管することがポイントです。定位置はお知らせを読んだり家計簿をつけたり、家庭事務をする場所の近くがおすすめです。

困っています！Kさんビフォーアフター

「使うかも…」がぎっしりと

Lesson!

棚が“壁”のように部屋を圧迫。

ひと続きのダイニングとリビング。長年のうちに棚が壁のように固定化してしまった。

この家に住んで26年というKさん。ふたりの息子は社会人になり、ひとりは独立して夫との3人暮らし。コロナ禍の前までは、子どものための造形教室をしていたので、画材や工作の道具、そのほか趣味の手芸用品、なんとなく取ってあるプリントや冊子が大量にあります。キッチンカウンター、食卓周り、リビングと、気づけば紙類に囲まれている生活。

ついに夫に、「リビングでもっとくつろぎたい」といわれたことで、現状と向き合う決心をしたといいます。

ものも紙も、とにかくたくさんありますが「Kさんが今使っているものはどれですか？」と聞いてみると、「大切な書類はなくさないようにこのバッグに入れていま仕分け作業開始！

「思い出と現役のものは分けましょう」。
必要なものにすぐたどり着けるように。

「今、必要な書類がなくならないように」
エコバッグに入れて椅子に鎮座。

す」とエコバッグを一つ見せてくれました。意外と「今、必要なもの」は少ないのです。

部屋が過去のもので圧迫されていると、これからの暮らしが見えなくなります。Kさんのリビングでは「とりあえず取っておく」と判断を先送りにしたものが堆積して、混沌をつくり出していました。ポイントは「何のために残すのか」と「後で本当に見返すのか」ということ。

今後使う資料は出し入れしやすい特等席に置き、思い出として残すなら、コンパクトにしていつでも見られるようにしまう。大事なものを選別し、置き場所を決めて、「今」したいことができる暮らしに、と提案しました。

Before

カウンター下には引き出しがびっしり。
収納を増やすと中身も増える悪循環。

「大事だから」とファイリングしたものの
中を見返すことは、ほぼないまま。

古い手帳や携帯電話、写真など使わないけれど、“大事そうな”ものが詰め込まれて。

目標はKさんの「今」の引き出しをつくること。キッチンカウンターに据えつけの棚と引き出しを、今使うものを入れる場所に決めて、整理開始です。

また、カウンター下には買い足し続けた、プラスチック製の引き出し収納がずらり。ここも中のものを全部出して「整理」。探しものとの訣別です。

だ

カウンターに据えつけの棚と引き出しに入っていたものを全部出すと、ダイニングテーブルの上がいっぱいに。冊子、ファイル、カード類などおおよその場所を決めて並べると、後の分類がしやすくなる。

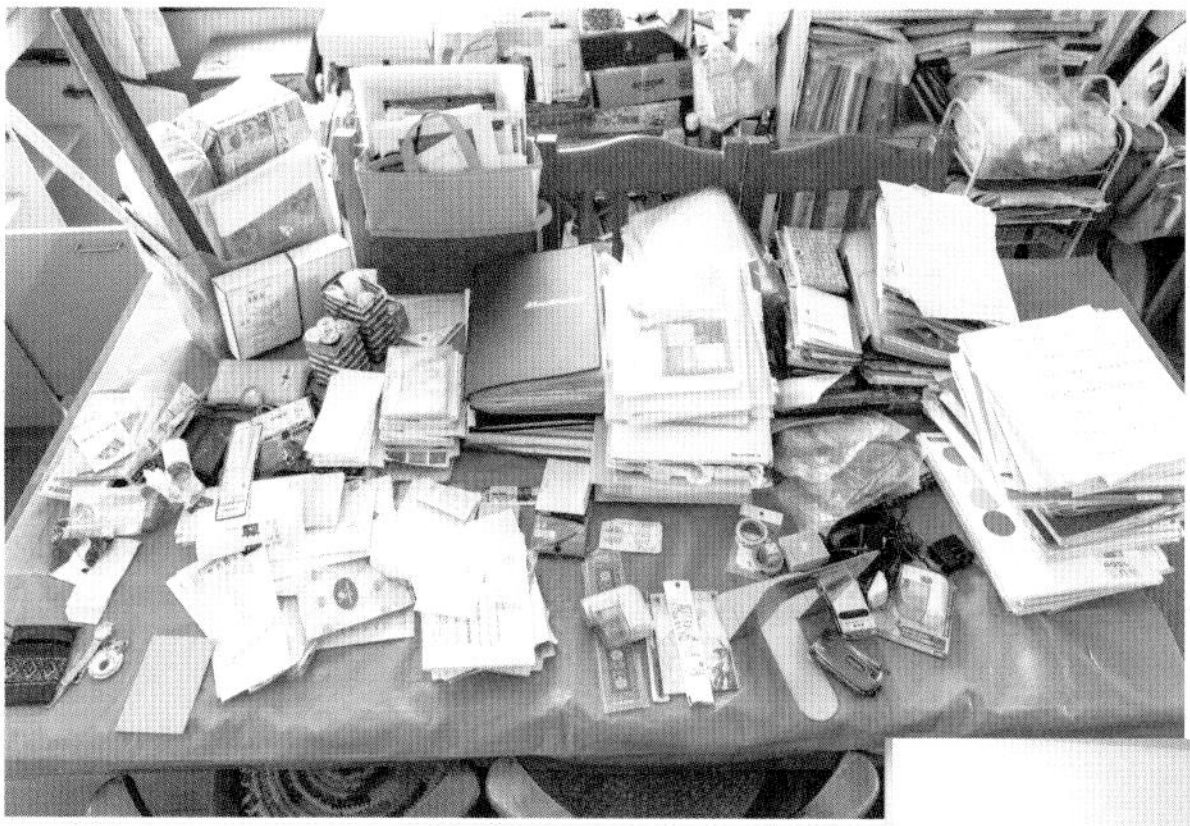

全部出してみたら、思った以上にたくさんのものが入っていて、本人もびっくり。

わ

次は種類別に分けること。手芸関連、書類、文房具、思い出の品などジャンルごとに分け、何をどのくらい持っているかを直視。この段階では「いる・いらない」で分けるのではなく、あくまで種類別に分けること。

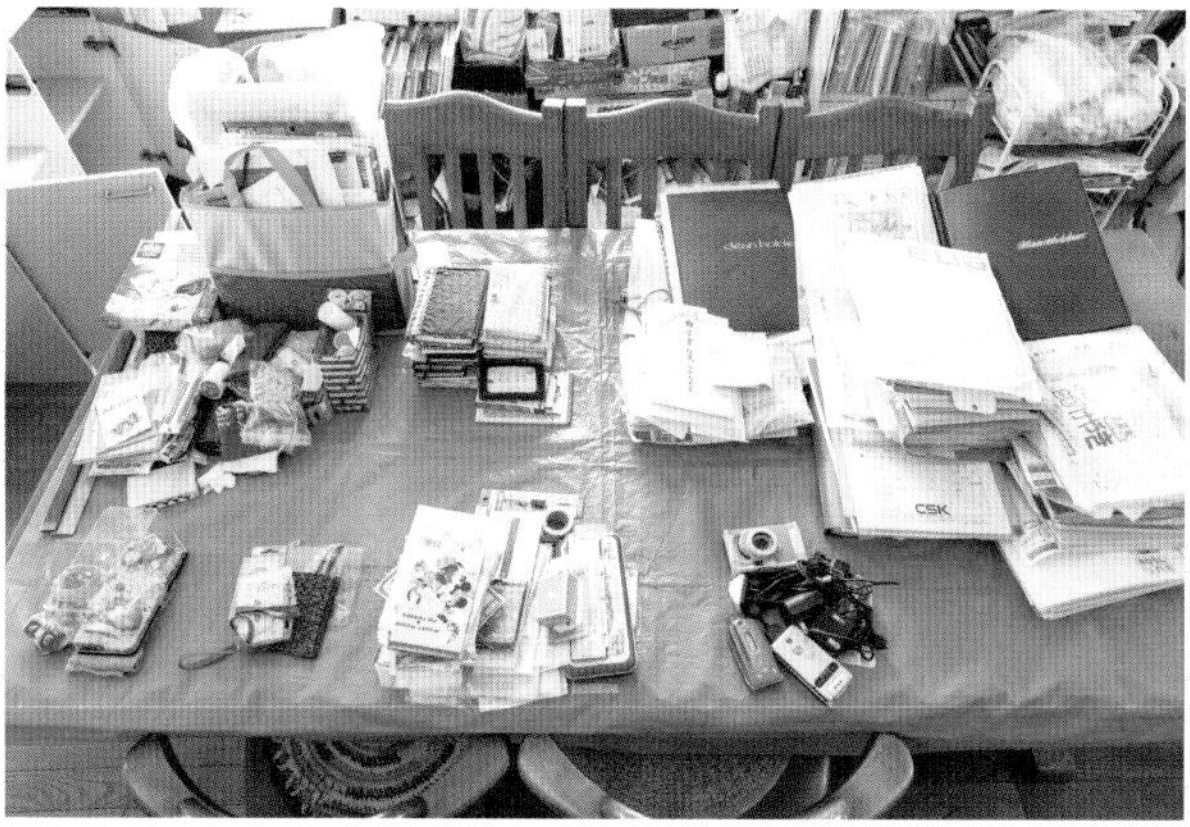

混沌としていたものも、種類別に分けると何がどのくらいあるかが把握しやすい。

＊だわへし についてはP.22参照

へ

次は、今後も使うものを選んで減らす作業。プラスチック製の引き出しの中を全部出して整理すると、今もこれから先も、必要な書類はほとんどなし。中身を減らしたら、引き出しのほとんどが空っぽに。

これらの不要な書類が長年部屋を圧迫していた。空になった引き出し収納も処分。

手芸キットは人に譲るか思い切って処分。必要ない書類を処分すると、全体量はおよそ半分に。

し

整理したものを取り出しやすくしまう。とりあえず大事そうなものが入れてあった引き出しには「毎日使うもの」と「ときどき使うもの」を入れる場所に。エコバッグに入れていた書類と生協の注文用紙は下の棚を定位置に。

「固定」の書類、生協の注文用紙は棚に立てて収納。ゆとりをもって取り出しやすく置く。

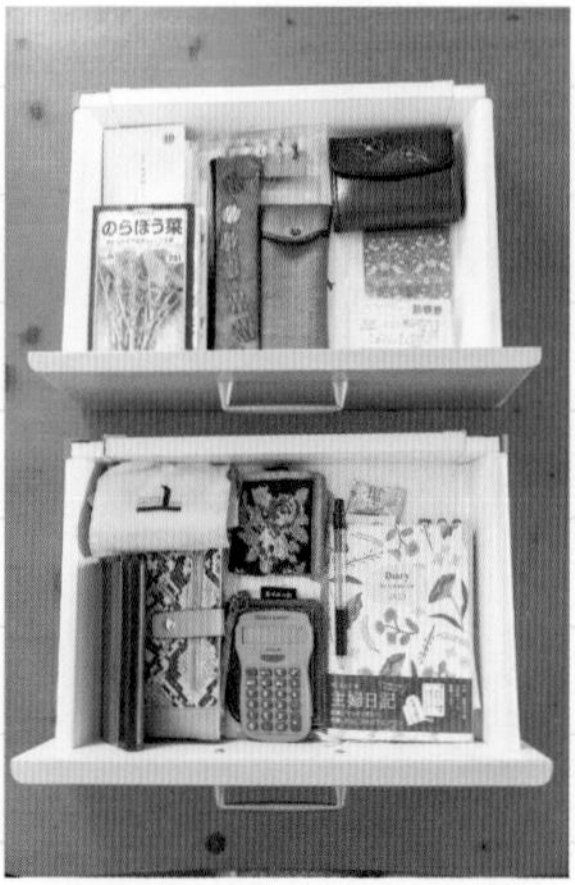

上は「ときどき」使うもの。実父に送る野菜の種も、忘れないようここへ。下は「毎日」使う手帳など。

Before

After

カウンターが片づき、窓周りもすっきりして明るいダイニングに。

2日間かけて片づけたダイニングは平らな面が増え、家の輪郭もくっきり。過去も大切だけれど、今の自分をもっと大切にと、これからの暮らしを支えるものだけを選んだ結果がこちら。

今使うものはカウンターの引き出しと棚にすべて収まっている。

カウンター下を埋めていた引き出し収納を一掃。掃除もしやすく。

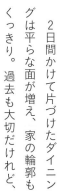

井田家の書類整理

書類入れはキッチン周りに集約。
家庭事務をする場所の近くに。

手前には、10年日記と現在進行形の仕事用ファイル。その奥は「流動」の投げ込み式フォルダー。「掃除」「SDGs」などジャンル別に。

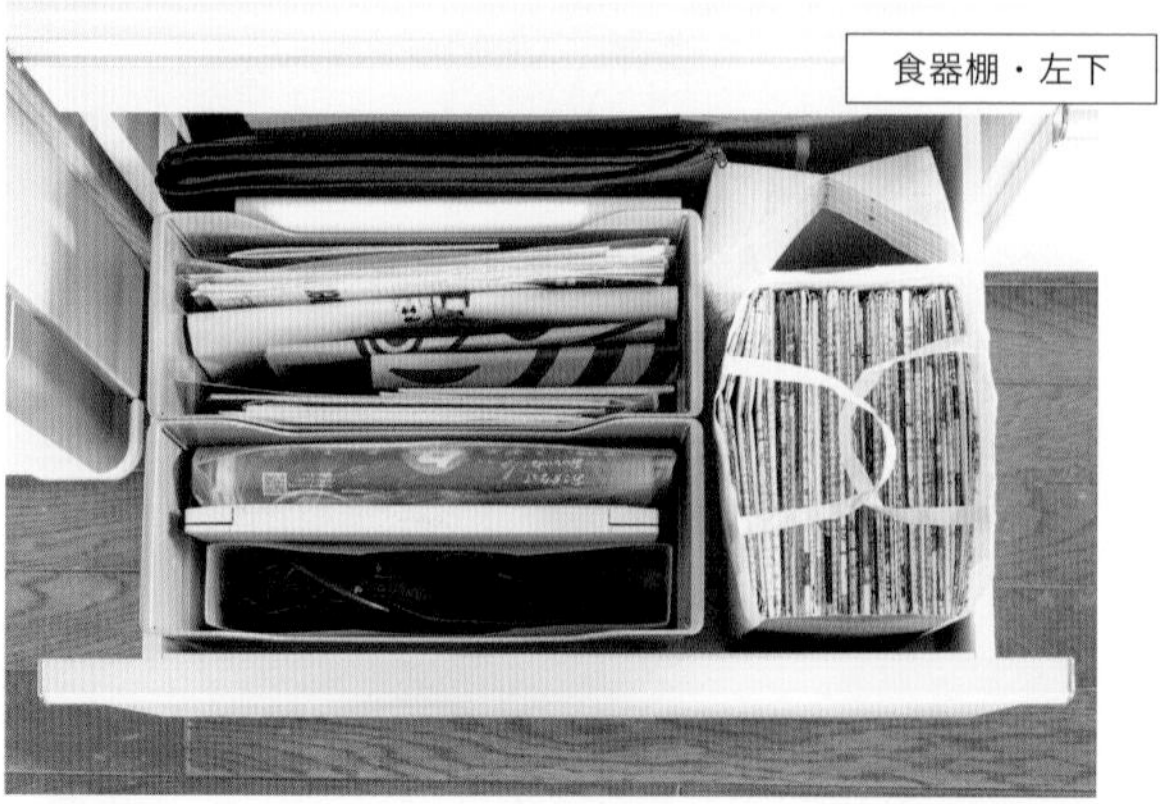

右は新聞紙でつくった簡易ゴミ箱と、仕切りに使う牛乳パック。手前のボックスにはパソコンと生協のカタログ。奥のボックスは紙袋。

キッチン編で全部開けてみた食器棚ですが、実は下の引き出しに書類と文房具が入っています。わが家では、ずっとそう。子育ての頃、子どもが持って帰った書類にハンコを押したり、手紙を開封したりするのはいつも食卓。そこで、家庭事務をする場所の近くに、文房具と書類置き場がほしいと思ったからです。

私の書類置き場はここだけ。リビングや寝室に書類はありません。家族共有の「愛着」の書類置き場は、すぐ隣のパントリーにあるので、キッチンの近くにすべての書類が集約されています。これが書類の仕分けをラクにする秘訣です。

① 届いたら大仕分け

ポストからその足で

郵便物が届いたら、ポストを開けたその足で要、不要を分ける。未開封のままテーブルにポンとしないことで、「紙つも」を回避。

不要なチラシは古紙

4段のゴミ箱の1つを古紙入れに。一読して不要と判断したら、ここへ。これだけで部屋に持ち込む紙を2/3は減らすことができる。

書類をためないコツは、部屋に持ち込む前に一度ふるいにかけることです。郵便物も会合で配られた資料も、そのまま取っておくことはしません。ポストをのぞいたら、チラシや不要なDMはその足で処分。どこかに置いてしまう前にゴミ箱の古紙入れに直行です。これだけでもかなりの量を、ふるいにかけたことになります。

以前は玄関のくつ箱の上で封筒を開封し、くつ箱の中に古紙入れを置いて外封筒、チラシなどを投げ込んでいました。何としても家に不要の紙を持ち込みたくないという人は、こうした方法もおすすめです。

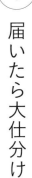

② 袋から出す

郵便物は全部開封して、外封筒と中身を分けること。皆さん、「これは〝重要な〟書類だから」といいますが、封筒のまま置いておくと場所を取る上、中身が何かわからなくなり、必要なときにすぐ出てきません。

封筒は運ぶためのもの。だから、届いたら処分して大丈夫です。保険証書も封筒のままだと、何年のものかわからなくなります。チラシも取っておく必要はありません。紙の保管は、裸にすることが大事です。

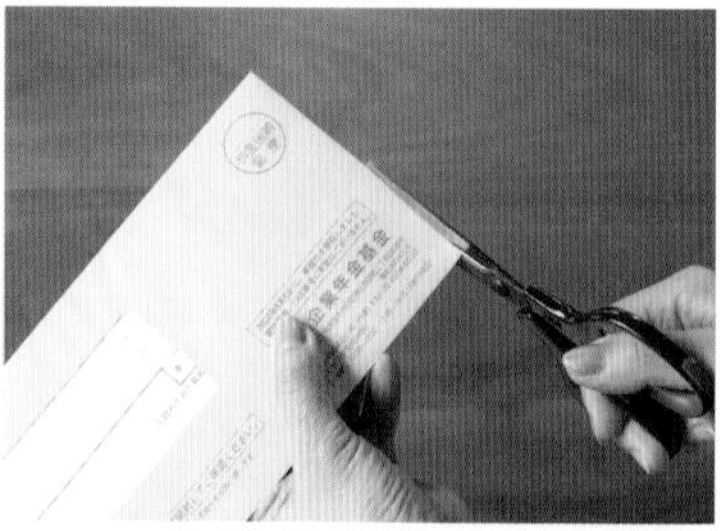

封筒は全部開封

郵便物は取ってきたらすぐ開封。中身を出して分類、しまうところまでをその日のうちに。「今日の紙は今日分けましょう」

↓

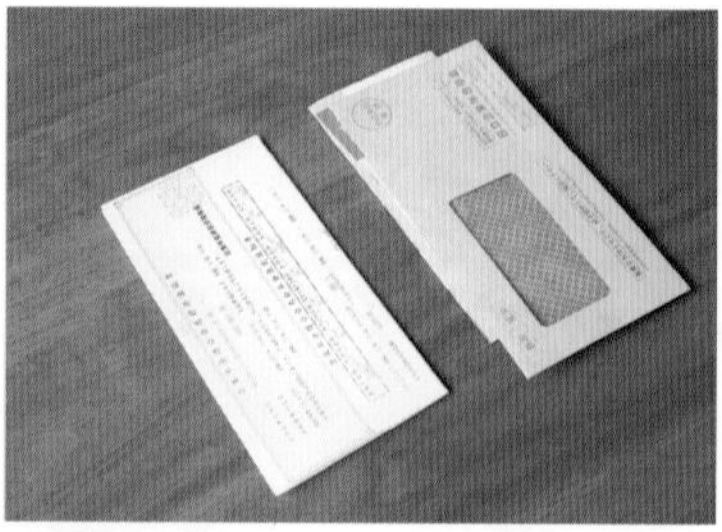

中身を取り出す

左側に手紙や明細書など必要なもの、右側に外封筒やチラシなどを分けて置く。保険の約款も処分してかまわない。

↓

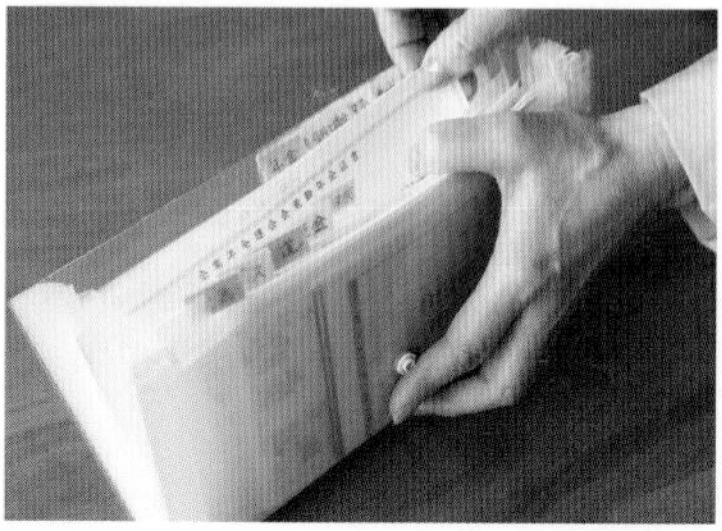

分類してしまう

分類し、ラベルをつけたフォルダー、蛇腹ファイルなどに入れる。ファイルのふたは切り取り、出し入れを簡単にしている。

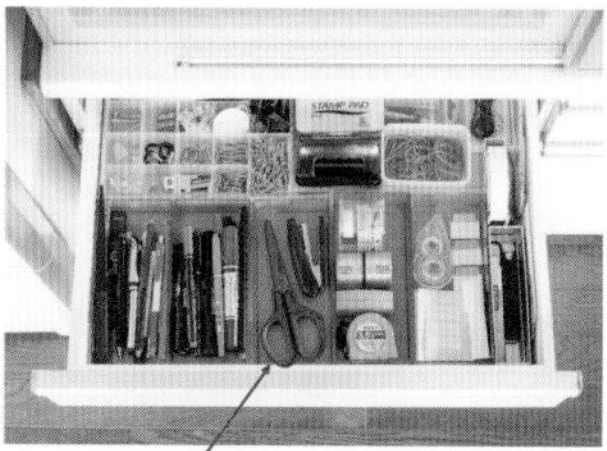

はさみは1本。ここが定位置

食器棚の下の文房具の引き出し。封筒を切るはさみは、ここからスッと。

③ いる、いらないの判断基準は？

なんとなくいるような気がするので〝とりあえず〟取っておく。思いあたることはありませんか？　これが紙を増やす原因です。

いる、いらないの判断基準は、「次、いつ見ますか？」に明確に答えられること。例えば、「次の会が終わるまで」「保護者会の当日まで」など。「いつか見返すかも」というものは、たいてい見返すことなく埋もれていきます。

「もう一度必ず見るか」をくり返し問いかけます。

④「流動」「固定」「愛着」の3つに分類

A流動　短期保存は代謝よく

「取っておく」と決めたものは大きく3つに分けます。「流動」「固定」「愛着」の3種類です。

「流動」は流れていく一時的な、期限のある情報です。学校からのお知らせや会合の資料、新聞の切り抜きなども含まれます。その日が過ぎたら処分してよいものがほとんどなので、「捨てやすく」保管すること。

例えば私が使っているのは厚紙が二つ折りになった投げ込み式フォルダー。これに自分の中で興味のあるSDGsのこと、片づけ、掃除、時間、家計など、ラベルをつけて、ジャンル別にします。「新聞切り抜き」のラベルでは、何の資料かわからなくなります。「掃除」のジャンルに入れておけば、掃除に関する資料として活用できます。

このフォルダーや引き出しがキツくなったら見直しどき。まだ必要か、興味のある情報かを精査。「いつか見るかも」は潔く処分します。スマホで撮った資料も、スマホ内にフォルダーをつくって分類しておくと、活用できます。

［流動のもの］

- ●学校や友の会のお知らせ
- ●会議のレジュメ、資料
- ●会合の案内
- ●新聞の切り抜き
- ●レシピ（切り抜き、メモ）など

ワンアクションの投げ込み式で

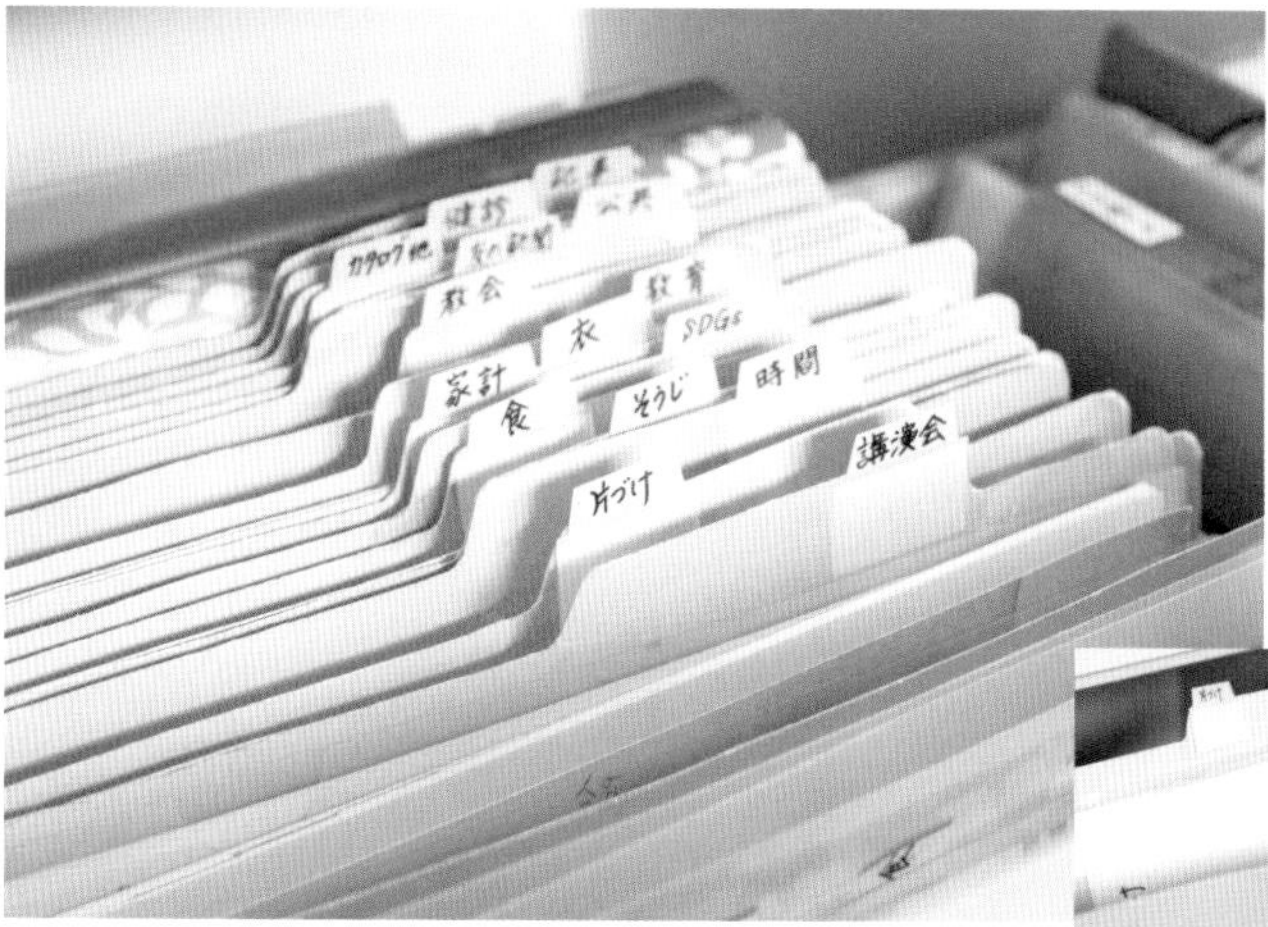

出し入れ簡単！

活用しやすく捨てやすく

「流動」のフォルダーは食器棚の引き出しの中に立てて保管。自分なりに項目（ジャンル）を決めてラベルをつける。

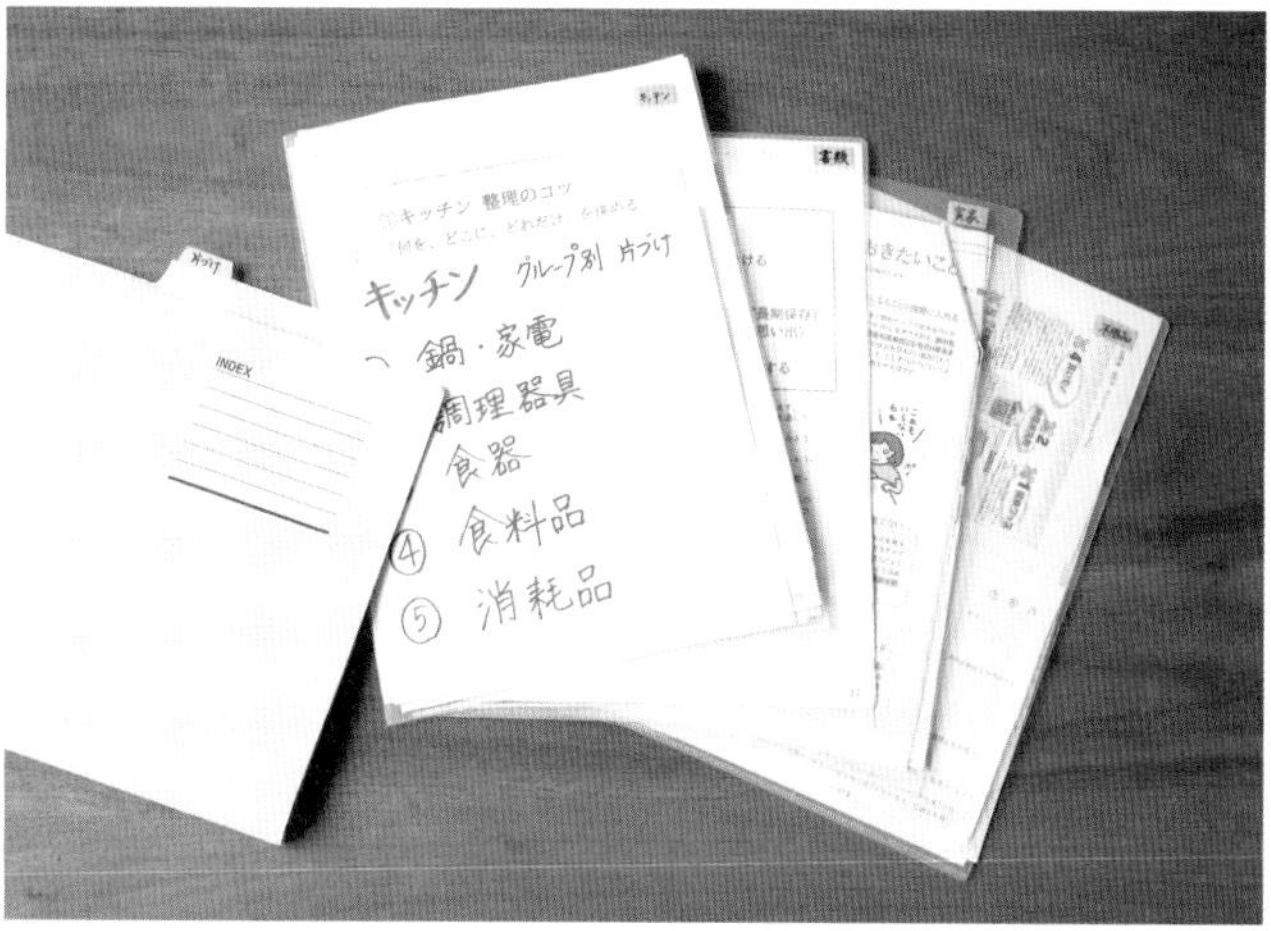

フォルダー内も分類

「片づけ」のフォルダーの中の資料は、さらに「キッチン」「書類」などに分けてクリアファイルに挟んでおく。

ラベルをつける

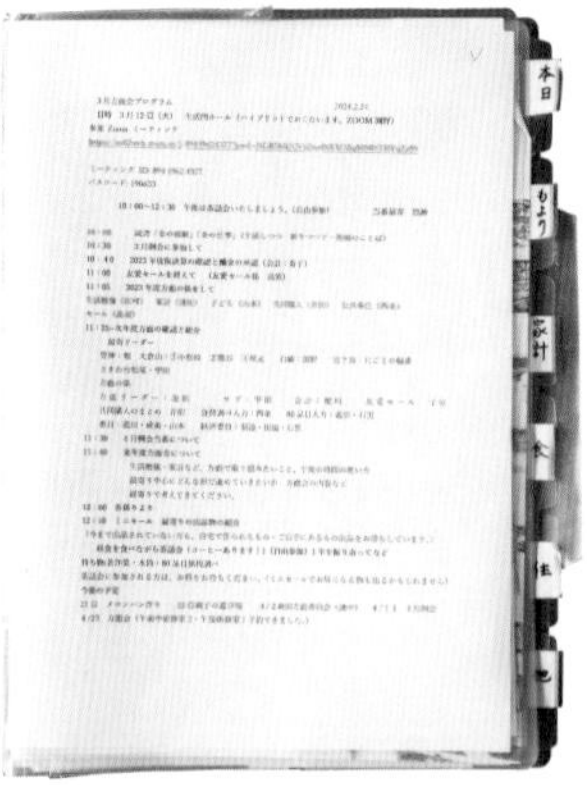

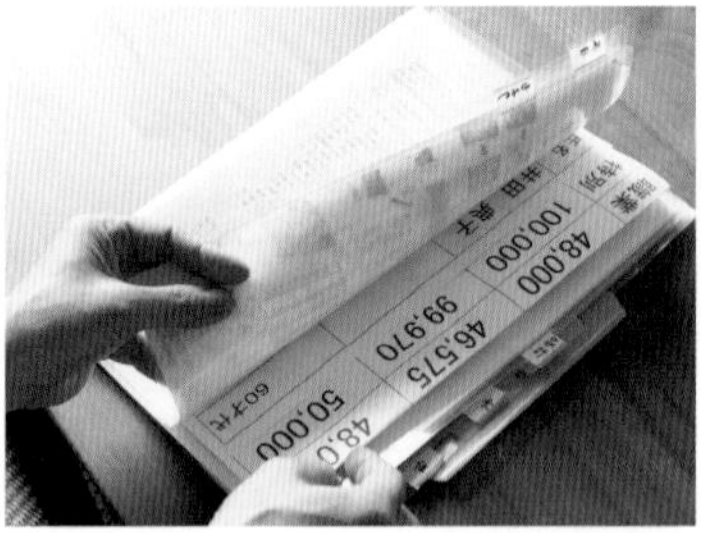

友の会ファイル

友の会の集まりに行くときに持参する6ポケットのファイル。その日のうちに分類し、情報を代謝させながら保管する。友の会関連の資料はこの枠内で完結。

切り抜いたらまずクリアファイルへ。

保存版レシピはここ

切り抜いたレシピは1年たってもつくらなかったら、潔く捨てる。一度つくっておいしかったもの、もう一度つくりたいものだけ昇格させて、ファイル1冊に保存。

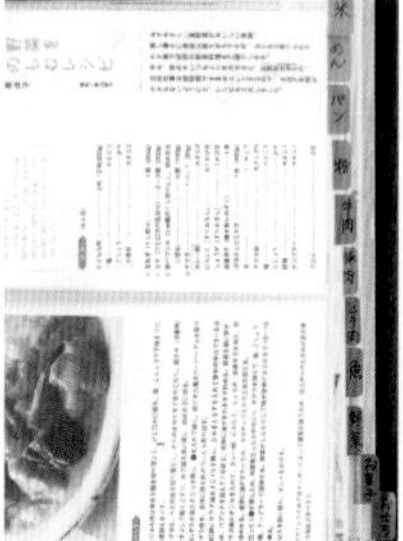

保存版レシピは材料別に。

目を通したタイミングでチェックを入れる

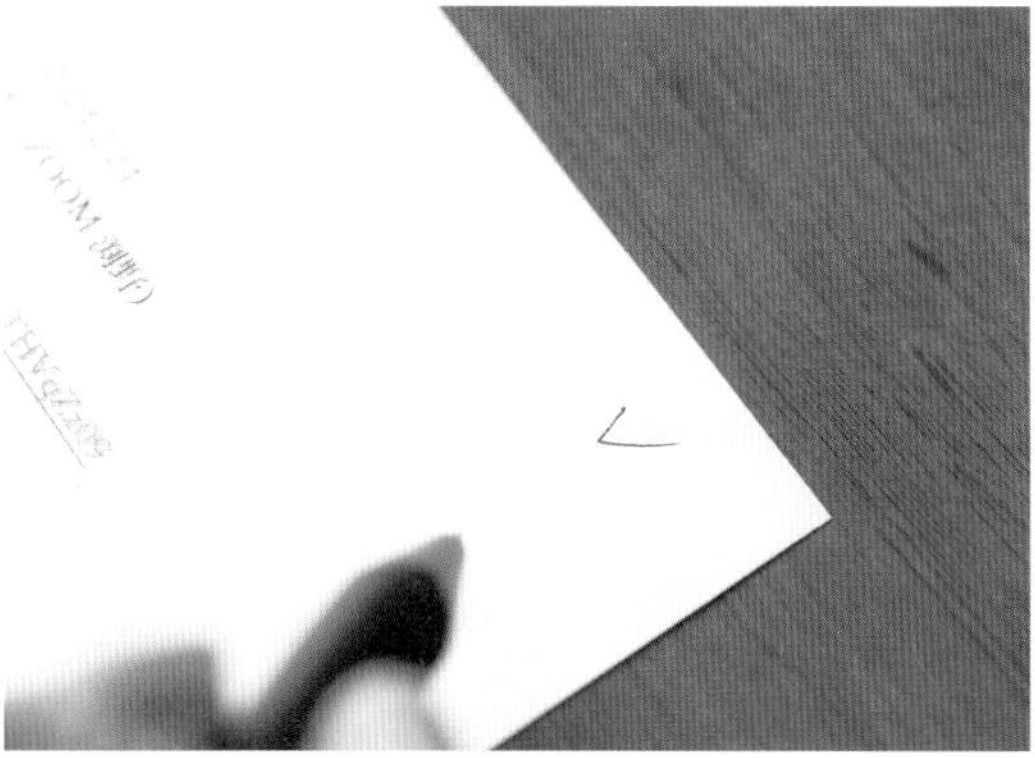

読んだらチェック

お知らせは、出先でも、受け取ったら一読して必要な情報を手帳に転記し、右上にチェック。帰宅したら即処分。

記憶に残す

新聞は、興味を惹かれた箇所をペンでマークしながら読むと記憶に残る。「いいな」と思うだけではそれっきりに。

ポケットファイルは、もう一生買い足さないと決めています。今あるのは友の会の集まりに持参する薄型を1冊、講演会の記録、わが家の40年分の家計の記録、保存版レシピ。そのほか、友の会の担当の役割で預かっているファイルもすべて、食器棚下の引き出しに収まっています。

会合に出席すると資料が何枚も配られますが、必要事項だけ手帳に書き写せばすむことも多いものです。新聞記事も漠然と読むのではなく、線を引きながら読めば記憶に残り、保存後も情報として活用しやすくなります。

帰宅したらかばんの中身はすべて出します

かばんを“分解”

出先から帰宅したら、かばんから中身を全部出して空にする。定期的な会合がある場合も、入れっぱなしにはしない。

↓

中身はこれだけ

財布、眼鏡、手帳、お弁当箱などのほか、この日は友の会の集まりがあったので、そのファイルと、共同購入で注文した食品も。

→

置き場所に戻す

手帳、ペンケースなどを決まった置き場所に戻す。ファイルも書類の引き出しに。食品はキッチンへ。

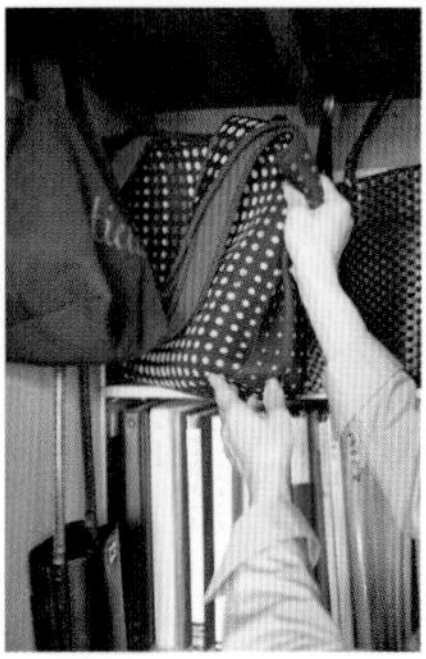

かばんを戻す

空になったらパントリー内のかばん置き場へ。かばんは寝室にあるクローゼットではなく、キッチンや書類入れに近い場所が定位置。

B 固定

大事なものは家族みんながわかるように

「流動」より長い期間保管するものを「固定」と呼んでいます。例えば、契約書や保険証書といった重要書類です。税金、年金、持株会などの書類も、ここに含まれます。

最低でも1年以上保管するものですが、これまで説明してきたように封筒から出し、保険の約款なども処分して証券1枚にすること。約款は企業が説明義務を果たすためのものですから、何かあったら保険会社に問い合わせればいいのです。私は小さな蛇腹ファイルを使っていますが、重要なものこそ、いざというときに持ち出せるくらい小さくなっていると安心です。

毎月届く、ガスや電気の振替領収書も、同じファイルに入れています。届いたら家計簿に記帳して保管、1年経ったら処分します。入れやすいように、ファイルにはラベルが必須です。

家電の取扱説明書も「固定」に含まれますが、こうした一定期間保管するものを見やすくしまうときに、ポケットファイルが活躍します。

［固定のもの］

- 各種保険証書
- クレジットカード契約書
- 年金証書
- 納税通知書（固定資産税、自動車税など）
- 持株会の支払通知書
- 確定申告の書類
- 振替領収書（ガス、水道、電気）
- 取扱説明書（家電、設備）　など

大事なものはコンパクトに

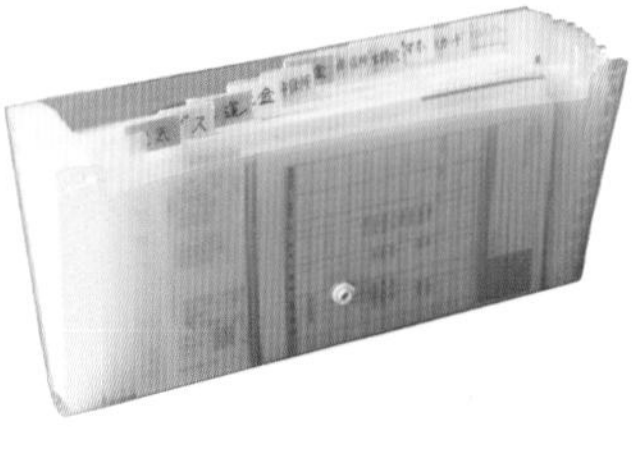

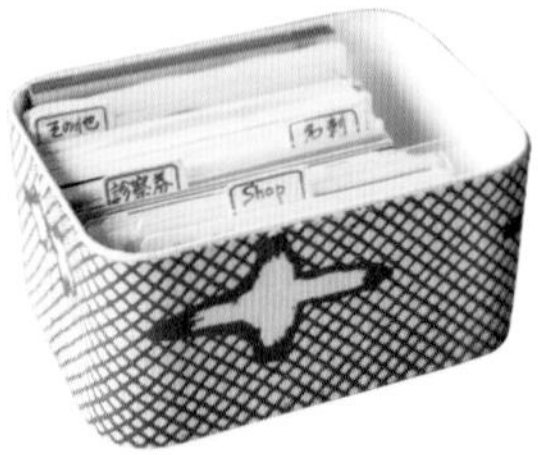

重要書類は片手サイズ

契約番号が記載された重要書類は蛇腹ファイル（26×13.5cm）に、今年度の1年分を保管。生命保険や火災保険の証書や年金証書など。

家族で使うカード入れ

お針箱を再利用したカード入れ。診察券、ショップカードなど、各自が出かける際に持ち出して、帰ったら戻すのがルール。

住まいの記録

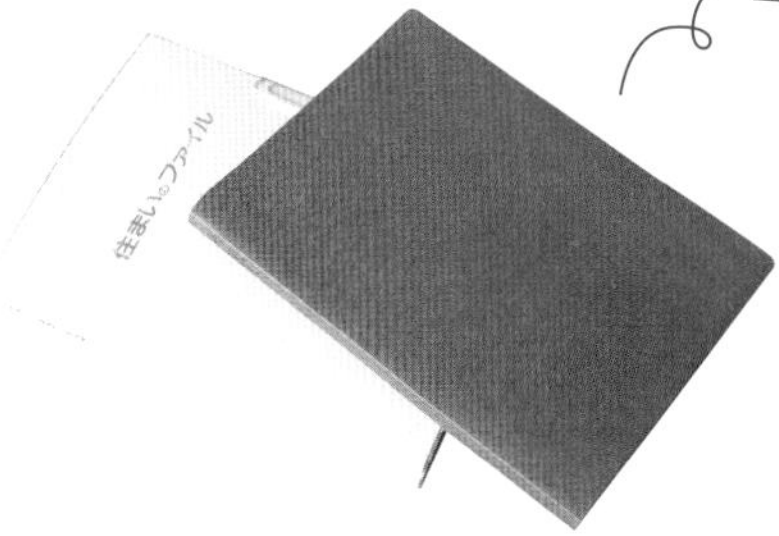

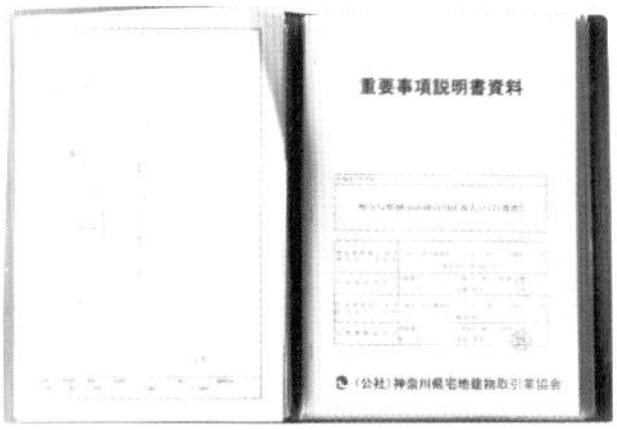

住まいの記録

これまで購入した３つの家の契約書、間取り図などもう一度見返したいものだけを残している。「ローンが大変だったから、夫婦でがんばった思い出として」

取説は大小に分けて

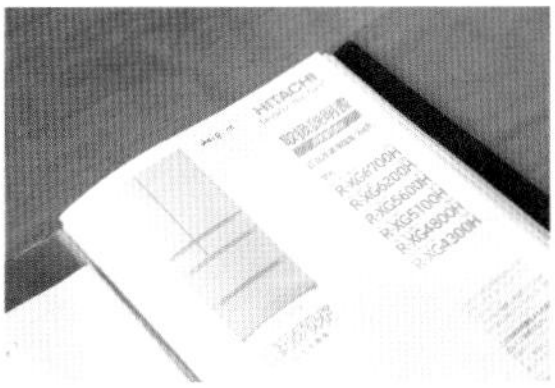

大型家電など

小型家電など

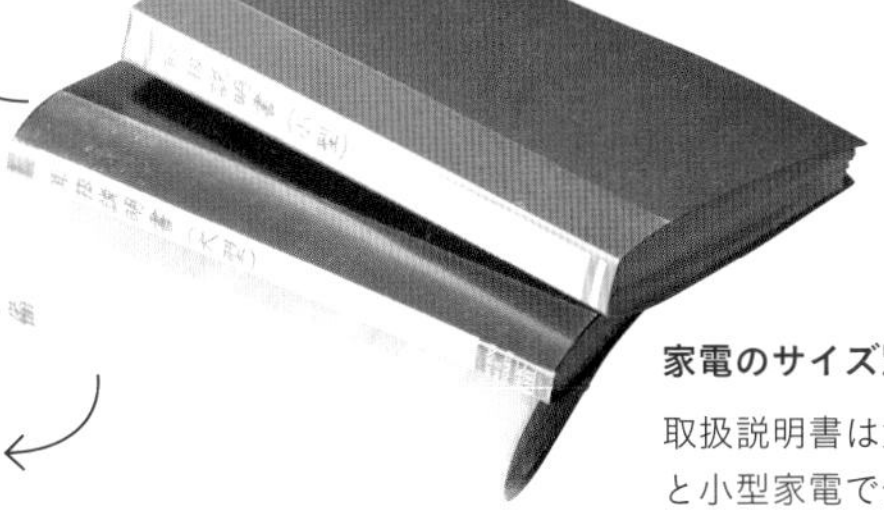

設備関連

家電のサイズ別に

取扱説明書は大型家電と小型家電で分けると探しやすい。購入日を書いておくと買い替えの目安にもなる。家の設備関連の取説も別にして保管。

C 愛着

コンパクトにして何度でも見る

3番目の「愛着」は思い出のもの。家族写真や子どもの作品、手紙、旅行記録など。子どもの絵は「かわいくて捨てられない」と皆さんおっしゃいます。でもそうやってたくさんある絵を箱に入れてロフトに置いてしまったら、次見るのはいつでしょう？　悲しいけれど次に開けるのは、たいてい捨てるとき。出すのが大変なもの、大量にあるものは見ないのです。

ではどういう形にすれば見るかというと、厳選してコンパクトにしたもの。わが家も41冊あったアルバムを、心を鬼にして6冊に減らしました。すると孫も見るし、帰省した息子たちも喜んで見ているのです。

私が一番大事にしているのは、子どもからの手紙です。厳選してファイル1冊。「39歳になっても29歳のようなママ」(笑)なんて、二度といってくれないから、手紙は宝もの。思い出は小さく小さく。どれだけ小さくするかが、どれだけ見るかにつながります。そしていつでも手に取れるところに置くことです。

［愛着のもの ］

- 家族のアルバム
- 子どもとの留守番ノート
- 子どもからもらった手紙
- 子どもあての手紙
- こづかい帳
- 子どもの成績表
- 旅行記録
- 結婚式の写真
- 年賀状　など

3人の子どもの思い出

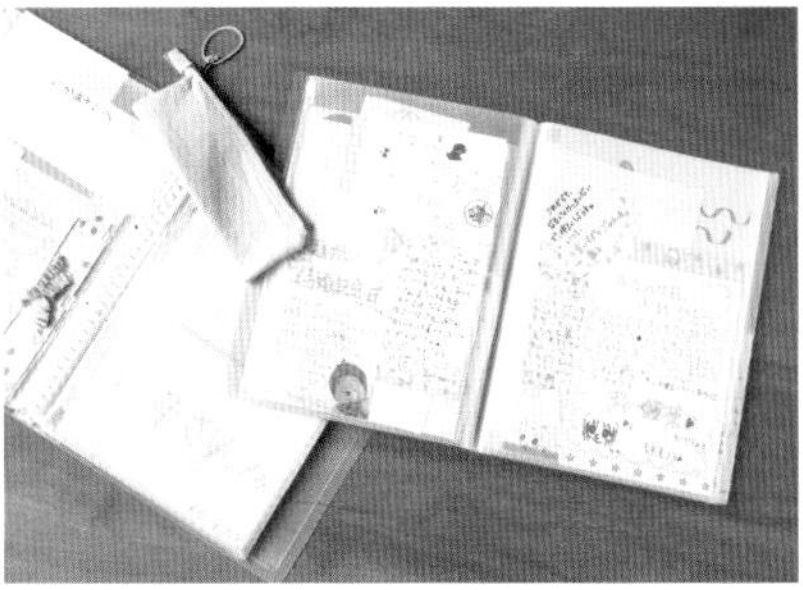

1人1ボックスに厳選

作品のほか、小1〜高3までのこづかい帳は貴重な生活記録。成績表は担任の先生のコメントがあるから。何度も読み返したい子どもからの手紙はファイル1冊に。

子どもあての手紙

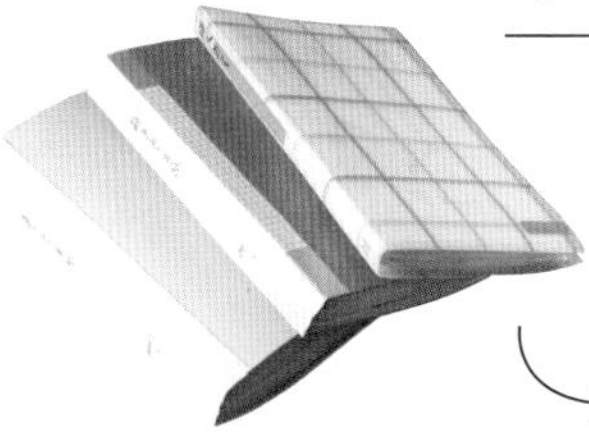

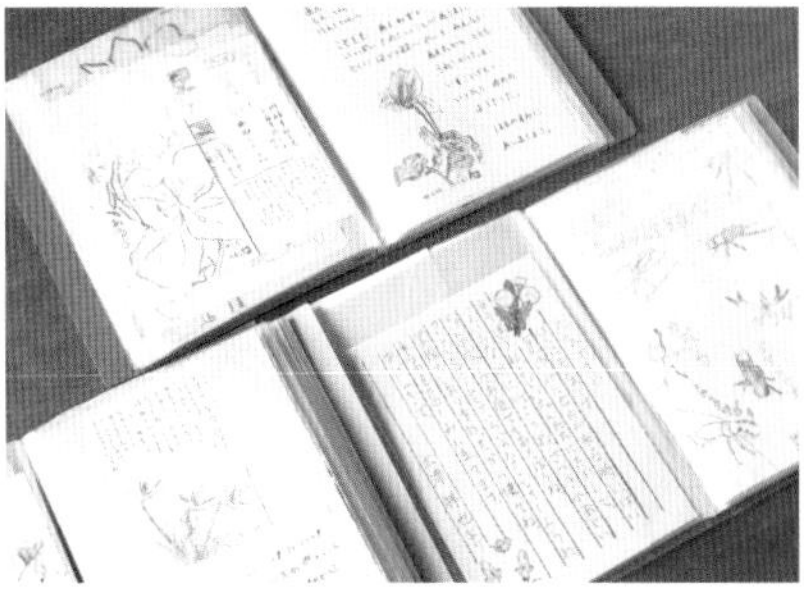

祖父母から孫へ

広島の実母が、折にふれて3人の孫あてに描いた絵手紙は、子どもたちも大切にしていたので預かっている。「愛情をかけてもらったことが伝わってほしいから」

夫婦の思い出

旅

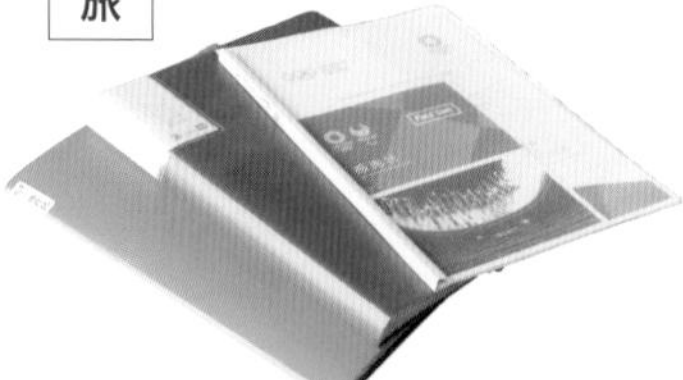

夫が書く旅行記

地方へ講演に赴く際、予定が合えば夫も同行し、日程をプラスして名所旧跡を訪れることが最近の恒例に。夫がまとめた旅行記をいつでも見返せるようにファイリング。

旅が二度楽しめる

旅程や訪れた場所、食べたものの記録に写真をつけて、A4サイズの紙にプリントアウト。城好きの夫は城めぐりも楽しみのひとつ。首里城のパンフレットも記念に。

結婚式

初々しい花嫁姿

人生の一大イベント、結婚式の写真と独身時代に交わしたラブレター（！）も、夫婦の思い出として大切に取ってある。「残った方が処分すると約束しています（笑）」

年賀状

あいうえお順に

年賀状フォルダーは抜くのが面倒なため、買い足して増えがち。ガムテープで背中を綴じると、冊子のように保管できる。3年分を名簿代わりに取っておく。

写真

アルバムをスリム化

10年前に奮起し、お盆休みの3日間で写真整理を決行。10枚の中から1枚を選んだら41冊あった家族アルバムが6冊に。2017年以降はデータで保存している。

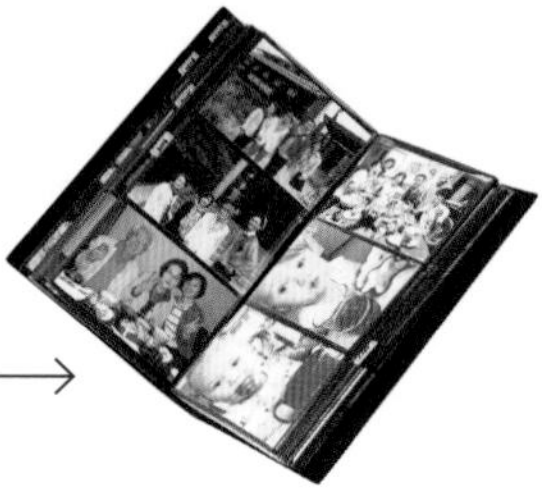

小さくしたら大正解

幅5cmのコンパクトアルバム。年代順にラベルを貼ると見たい写真がすぐ見つかる。子どもたちには、家族写真や運動会などの写真を入れた薄いアルバムを2冊ずつ別に作成。

「愛着」のものは食卓脇のパントリーに

“現在進行形”はここ

家関連の書類、家電の取説など「固定」のものと、「愛着」のアルバム。今後増える、入れ替えることもある“現在進行形”の枠として2段目に。

『婦人之友』は2年分

『婦人之友』は関わった号と最近の2年分で60冊ほど。自分の著書は1冊ずつ。記帳1冊目の1983年の家計簿と主婦日記も。

子ども3人で1段

1人1ボックスの思い出の品、手紙のファイルなど3人の子どもにまつわる紙のものはこの1段に。1つ1つ選んで大切に保管。

実家の思い出も

一番下の段は時代の古いもの。実家から持ち帰った母の1冊目の家計簿、写真など。実家の両親や独身時代の思い出をここに。

どうしても整理できないもの

ここ数年で、広島の両親を2人とも見送りました。筆まめだった母がくれた手紙はときどき見返すものの、今はまだどうしても処分できません。封筒から出したので、ずいぶんコンパクトになってはいますが……。親の思いのこもったものは、なかなか難しいですね。

「まだ、涙なくしては読めません」

困っています！Tさんビフォーアフター

勉強に集中できる学習机に

Lesson!

教科書やノート、プリント、文房具、
学用品をすっきり整理して、
居心地よく集中できる環境づくりを。

After 机の上はまっ平らに。棚からはみ出さないような習慣を。

Before 棚からせり出したものがスペースをふさぐ。

[学習机の片づけポイント]

①ゾーニング＝管理責任者をはっきりさせる
②モノはがし＝空間を初期化する
③選び取り＝今に最適化する
④引き出しに収める＝机上は広く確保

ときどき、子ども部屋の片づけ依頼を受けることがあります。そこで気づかされるのは〝混在〟の多さです。

例えば、子どもが飼いたいといったからと、犬のケージが子ども部屋に置かれていたことがありました。学習机の上はプリントなどの紙類が山積みで、棚は勉強道具と遊び道具が混ざった状態。その隣には犬の餌や掃除機が置かれ、床は犬の毛だらけ。集中して勉強できる状態ではありませんでした。

実例のTさんは、4年生の女の子。子ども部屋があっても、低学年のうちはリビングで宿題をして

学習机と引き出しの使い方

できるだけ、机の上に
本立てなどは置かず、
毎日平らな状態に戻しましょう。

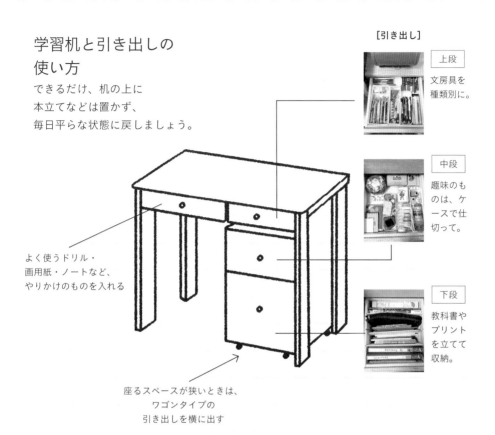

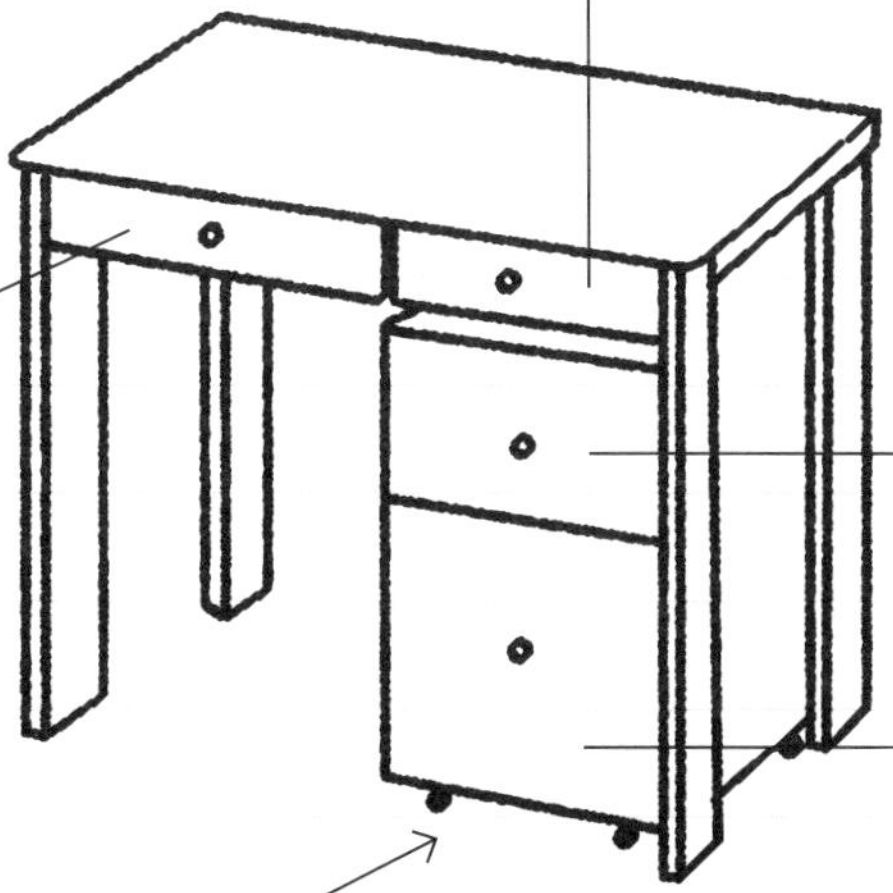

よく使うドリル・
画用紙・ノートなど、
やりかけのものを入れる

座るスペースが狭いときは、
ワゴンタイプの
引き出しを横に出す

[引き出し]

上段
文房具を
種類別に。

中段
趣味のものは、ケースで仕切って。

下段
教科書やプリントを立てて収納。

いましたが、進級を機に自分の部屋と机周りを見直しました。工作や雑貨が大好きで、道具がたくさんあります。そこで、一度すべてを出して一緒に仕分けを。大事なのは勉強するスペースに、ほかのものを混ぜないこと。机の周りは学習に関するものだけを集め、遊び道具や習いごとの道具は横の棚に集中させて、勉強中は目に入らないようにしました。

このようにするだけで、自分だけのスペースができたことを喜び、翌日からここで勉強するようになりました。環境が変わるだけで、子どもの行動は変わるのですね。

学習机の使い方は、上の図の通りです。習字道具や体操着は棚など別の場所に置きます。

家族みんなで考える片づけ

子どもは、意外と親の行動や家の中のことを見ています。小さなコーナーまでよく見ていて「この道具はここにしまうんだな」と、大人よりも正確に覚えているのです。だから「片づけてね」といわず、「戻してね」というと、使ったはさみをちゃんと戻しに行く。

そういう意味で、「置き場所を決める」ことを提唱した羽仁もと子は、やっぱりすばらしいと私は思います。

大人がシステム（＝ものの置き場）をつくれば、子どもは必ず順応してくれます。家が散らかるのは、そのシステムがないから。夫婦でのすり合わせができていないと、ダブり買いでものも増えていく。家族の共通理解は本当に大事です。そして、親がリビングやキッチンを片づけているところを見れば、子どもも似たようなことを始めるでしょう。

とはいえ、整理が苦手な大人もいます。そういう場合は子どもに相談してみればいいのです。「お母さんはここを片づけたいんだけど、どうすればいいと思う？」。こうして、家族みんなで考える習慣がつくといいなと思います。

私もよく子どもと相談しました。洗面所の歯ブラシの置き方、タオルのしまい方、下着の入れ方……。家族でも持ちものは違うし、同じ一段の引き出しでは入らない子もいます。物量というのは常に変化するもの。困ったらそのつど考える。一回一回が家族の生活勉強です。

4章 衣類は持ち数の把握から

―これからも着たい服を楽しむ―

あふれる
衣類の山

行き場のない衣類が床をふさぐ

リビングに衣類の山。よく見ると雑貨や書類も混ざっている。子どもたちはこの山から体操着や給食のエプロンを探さなければならず、親子共々困り果てていた。

お困り例
いろいろ 3

かさばる衣類は、
代謝を怠るとたちまち
床や空間を埋めてしまう。

入れないウォークインクローゼット

夫婦2人で使用していたクローゼット。3畳弱あり、左側にはハンガーラックが上下に。右奥にはたんすと衣装ケースがある。ウォークインできず、手前のダンボールとカゴの中の洋服だけで、1シーズンを過ごしていた。

大人の衣類管理の問題点

- ☑「痩せたら着るかも……」
- ☑「これ、高かったんです」
- ☑「傷んでいないからもったいない」
- ☑消費期限がわかりにくい
- ☑同じ色や形のダブリ買い

部屋の中で、最もかさばるものにフォーカスします。衣類です。「困っている」という方のお宅へ行くと、子ども部屋のたんすが小さくなった洋服でいっぱいで、今着ているものが入らないということはよくあります。この場合は不要な服を処分すればすむのですが、問題は成長期の終わった大人の服。腐るものではないし、消費期限がわかりにくい。「痩せたら着るかも」「高かったから」。要は「傷んでいないからもったいない」。実家の両親もそうでした。けれど、そうして取っておくだけでは代謝が止まってしまいます。

今着る服をどう出しやすくするか、着なくなった服はどうするか。判断を先延ばしにせず、一緒に考えていきましょう。

整理

1

何を＝ 今、着るもの

「高かったから」「痩せたら着るかも」は、過去や未来への迷いで、混沌のもとです。「今、着ているものを選ぶ」のは一番難しいけれど、よく考えて判断して選びましょう。

＼持ちすぎを防ぐ／

衣類整理のポイント

「消費期限がわからない」。「今」にフォーカスして着る、着ないの線引きを。

ブラウス、ジャケット、パンツなどを、季節ごとに分けてひと並べしてみると、持ちグセに気づけます。色や素材も確認して、必要なものを選びましょう。

最近増えたワンピース

夏ものと春秋もの（写真）で合計10枚。夏は涼しく、冬は重ね着すれば暖かいから、通年愛用中。あらたまった席にも。

収納 1

どこに＝

着替える部屋

衣類は、着替える部屋にしまうこと。洗濯ものを取り込むところからしまう場所までが遠いと、しまうのが億劫に。取り込む場所と着替える部屋の動線を短くしましょう。

収納 2

どのように＝

ひと目でわかる並べ方

引き出しにしまう衣類は、書類同様、畳んだものを立てるようにして並べて。色順や季節別に並べるなど、引き出しを開けたらパッと全体が見渡せると、迷わず取り出せます。

＼持ちすぎを防ぐ／

衣類収納のポイント

着られなくなった服との混在をなくし、衣類の循環をスムーズに。

たんすやクローゼットには一覧できる状態で収納を。ごちゃごちゃに詰め込まれていると、着たい服が見つからず、同じような服を新たに買ってしまうことに。

仕事で大活躍

A4サイズの資料がスッと入り、色もモノトーンなので、仕事の打ち合わせや講演会に行くときに重宝している。

困っています！Aさんビフォーアフター

「クローゼット、すごいことになってます」

Lesson!

衣装ケースが何段にも。入らなくなると買い足すことをくり返し、際限なく増えてしまった。

最初にAさんから連絡をもらったとき「クローゼットがすごいことになってます」といわれて、「すごいこと」と聞くと見たくなり(笑)、すぐうかがいました。

Aさんは40代。小学校1年生と4年生のお嬢さんがいます。さっそくクローゼットを見せてもらうと衣類も多いのですが、布地や手芸用品もたくさんありました。Aさんは洋裁が得意。これだけ縫いたい気持ちがあるというのは、とてもクリエイティブな方。ただ、この生地で何を縫うかという目的がしっかりないと、結局寝かせてしまうことになるので、そこをイメージできる布だけを選んで、と伝えました。「脳細胞が破裂するくらい疲れた」とAさん。「決める」ということはそのくらいエネ

Before

クローゼットの中

七五三で着たドレスや季節外のものがバーにぶら下がり、衣装ケースがランダムに積み上がっている。大量の布が場所をふさぐ一因。

After

エリアを３層に

上の棚にキャンプ用品、ハンガーで吊るすもの、衣装ケースと３層にエリア分け。衣装ケースは１人分として縦１列ずつ割り当てた。

ルギーを使うのですね。

家のあちこちに衣類や布地があふれていましたが、２階のクローゼットのある部屋が洗濯ものを取り込む場所だったので、ここを親子３人分の服の置き場所にしてはどうかと相談。１階にも分散していた洋服をすべて２階に運んで、今後は何をどう着ていくかを考えながらしっかり選択。最終的には写真のようにスペースができ、衣装ケース縦１列３段が１人分、布類も同様に収まりました。

子どもは、自分のものがどこに入っているかわかると喜びます。一番喜んだのは下のお子さんで、こうした子どもの純粋な「分ける力」を育て、伸ばしたいと思うと、置き場所を決めることがいかに大切かを、あらためて感じます。

だ

2階クローゼットの衣装ケースから中身を全部出すことからスタート。洋服よりも布地がたくさん、それにファスナー、ボタン、リボンなど細々したものもいっぱい。バッグも20個近く、2階のあちこちから出てきた。

衣装ケースの中身。「いつか縫うかも」と、ためていた布地や手芸用品が山のように。

使わないバッグがこれだけ。重い革製や小さなカゴはおしゃれでも、今の暮らしには合わない。

＊(だ)(わ)(へ)(し)についてはP.22参照

へわ

親子3人の洋服が混ざっていたのを人別に分ける。子どもの着られなくなった服は処分。Aさんの好みがはっきりしていたため、好みが変わったもの、サイズが合わなくなったものを速やかに減らすことができた。

大人のものと子どものもの、所有者がはっきりわかると、着る・着ないの判断もしやすくなる。

し

クローゼット内は、使用目的別、人別とエリアを明確に分けた。今着る服は衣装ケースに人別にしまい、布地は色や素材、残量なども意識して分けておくと、次につくるときに探しやすく、イメージもしやすい。

洋服は人別に場所を決めて収納。すっきりとわかりやすくなり、子どもたちも自分で出し入れできるように。

布地は大まかに分けてから畳んで色のグラデーション、柄別、素材別に収めて。

奮闘！

実母の衣類整理に20時間

押入れの中は何十年も前の衣類、洋裁用の布地、
いただきものなどでパンパンだった。

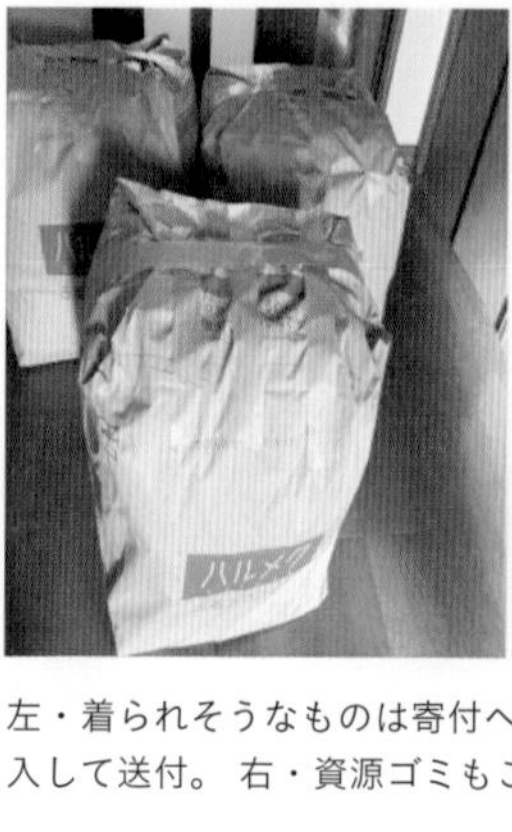

左・着られそうなものは寄付へ。有料の袋を購入して送付。 右・資源ゴミもこれだけの量に。

母の一周忌で帰省した際、実家の押入れにあった衣類を片づけました。亡くなる4〜5年前に、400枚あった普段着を一緒に減らしたことがあったのですが、押入れの中は手つかずのまま。1年が経ち、これは娘の私がするしかないと、8畳の仏間の母の遺影の前で始めました。

まず作業スペースを半畳分確保し、目の前にゴミ袋を置いて虫食いやシミのあるものを入れていきます。後は大雑把に分類しながら広げていきました。洋服、着ものの小もの、スカーフ……。母は洋裁をする人だったので、たくさんの布地。切なかったのは、布に型紙がついて、まち針が刺したままだったこと。孫のためにパジャマを縫おうとしたのでしょう。そういうものがいくつもあって、泣きながら分けました。遺されたものはいつか誰かが、つらい思いをして片づけなくてはなりません。それを、しっかりと肝に銘じました。

正面にゴミ袋を置き、洋服、小もの、布地と畳みながら分類していく。8畳間が埋まりそうに。

最終的には寄付するものと資源ゴミに分けましたが、どちらも廊下が埋まるほどの量。寄付といっても送料がかかりますし、手間も労力も時間もかかります。ただ、少しでも母のものを活かしてもらいたいと思うと、全部ゴミには出せませんでした。布地は長さを測って「○cm幅×○m」とメモをつけてバザーに出したら、全部はけました。母も喜んでくれたのではないかと思います。

押入れから全部出して分類するのに20時間。朝から晩まで必死に片づけた2日間でした。

片づけは、実家が一番難しいと実感しています。感情がこじれずスムーズに進めるためのポイントを考えてみました。

まず大事なのは、親の価値観を尊重すること。ものがない時代を生きているので、「捨てる」という言葉には抵抗があります。その価値観を否定せず、「安全に暮らしてほしいから、お手伝いしたい」と伝えます。踏み台から落ちたり、つまずいたりしないものの配置、動線の確保を。そして貴重品の場所や暗証番号などは、できるだけ早く一覧表にすることをおすすめします。当人だけに抱え込ませず、お互いに安心できたらよいと思います。そして、本人たちに納得してもらいながら、根気よく進めていきましょう。

実家の片づけ5か条

一、ここは自分の家ではないと肝に銘ずる
二、安全な動線を確保する
　　手伝いをしたいと伝える
三、「捨てる」という言葉は使わない
四、貴重品と暗証番号の一覧表をつくる
五、一度に全部スッキリさせようとしない

不要になったものの代謝法

いただきもののキッチンクロスをエプロンに。
孫につくったけれど大人でも十分な大きさ。

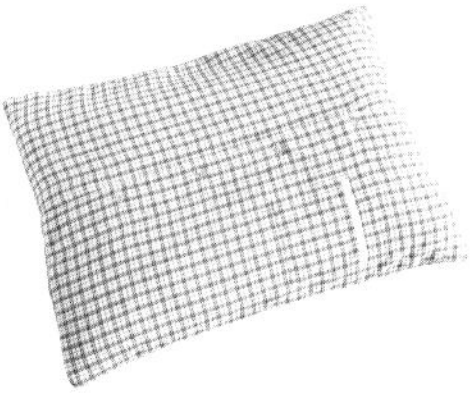
母の着ていた綿のパジャマを枕カバーに仕立てて。

肌になじんで柔らかくなったネルシャツやパジャマ。なかなか捨てられないということはありませんか？　シャツはだいたい衿と袖口が傷むので、私は身頃だけを四角く縫って、枕カバーにしています。ボタンの部分から出し入れできるので、ファスナーをつける必要もありません。

大きめのキッチンクロスは角の部分を湾曲に切り落とし、布紐をつければエプロンになります。布紐も、紙袋についていたものを再利用。家にあるものだけでできました。愛着があるもの、思い出のあるものこそ、こうした簡単なリフォームはいかがでしょうか。

井田家の衣類、持ち数の把握から

自分にとって〝適量〟を知るには？
持ち数を決めることが第一歩。

クローゼットの中を満遍なく循環させていこうと思うと、何をどのくらい持っているか、持ち数を把握する必要があります。ただ年齢を重ねると、洋服難民といわれるように、体型が変わったり似合うものがわからなくなったりして、その中で適量を保っていくのは本当に難しいと感じます。

ここ10年ほどは、衣替えのたびに衣類（下着、くつ下は除く）を写真に撮って記録しています。こうしておくと、衝動買いや、ダブり買いがなくなります。そして、今の私が行き着いたのは1アイテム5点主義。全13アイテム65点で暮らしています。3年前は16アイテムでしたが、Tシャツやパーカーが減り、あらたまった場にも着て行けるワンピースが増えました。

誰でも5点がいいのではなく、大事なのは今の生活スタイルに合った必要な持ち数を知り、その中で循環させていくことだと思います。

［私の洋服への考え方］

①年齢とともに似合うものが変わるので、
衣替えのたびに見直すこと。

②人から見られる洋服は「公共活動」、
アイテム別に写真に撮って客観視する。

③積極的に中古衣料を利用することで、
少しでも廃棄を減らしたい。

持ち数は65点

1アイテム5点、13アイテムで暮らす。

アウトドア

ニット

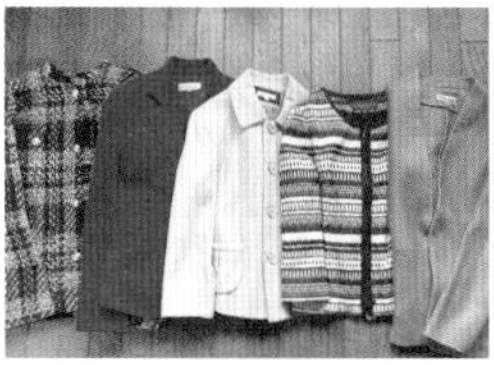

ジャケット

アウター

トップス（夏）

ブラウス（長袖）

シャツ（半袖）

ワンピース（夏）

ワンピース（春秋）

ブラウス（春秋）

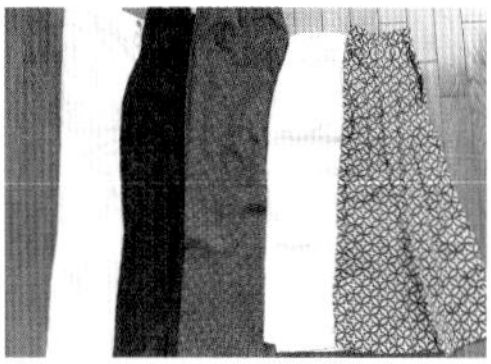

ボトムス（春夏）

デニム

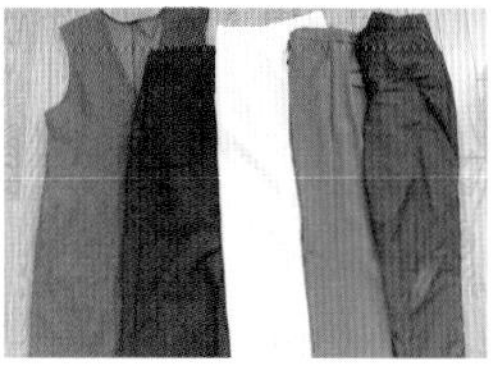

ボトムス（秋冬）

アイテム別に整理。着替える場所に置く

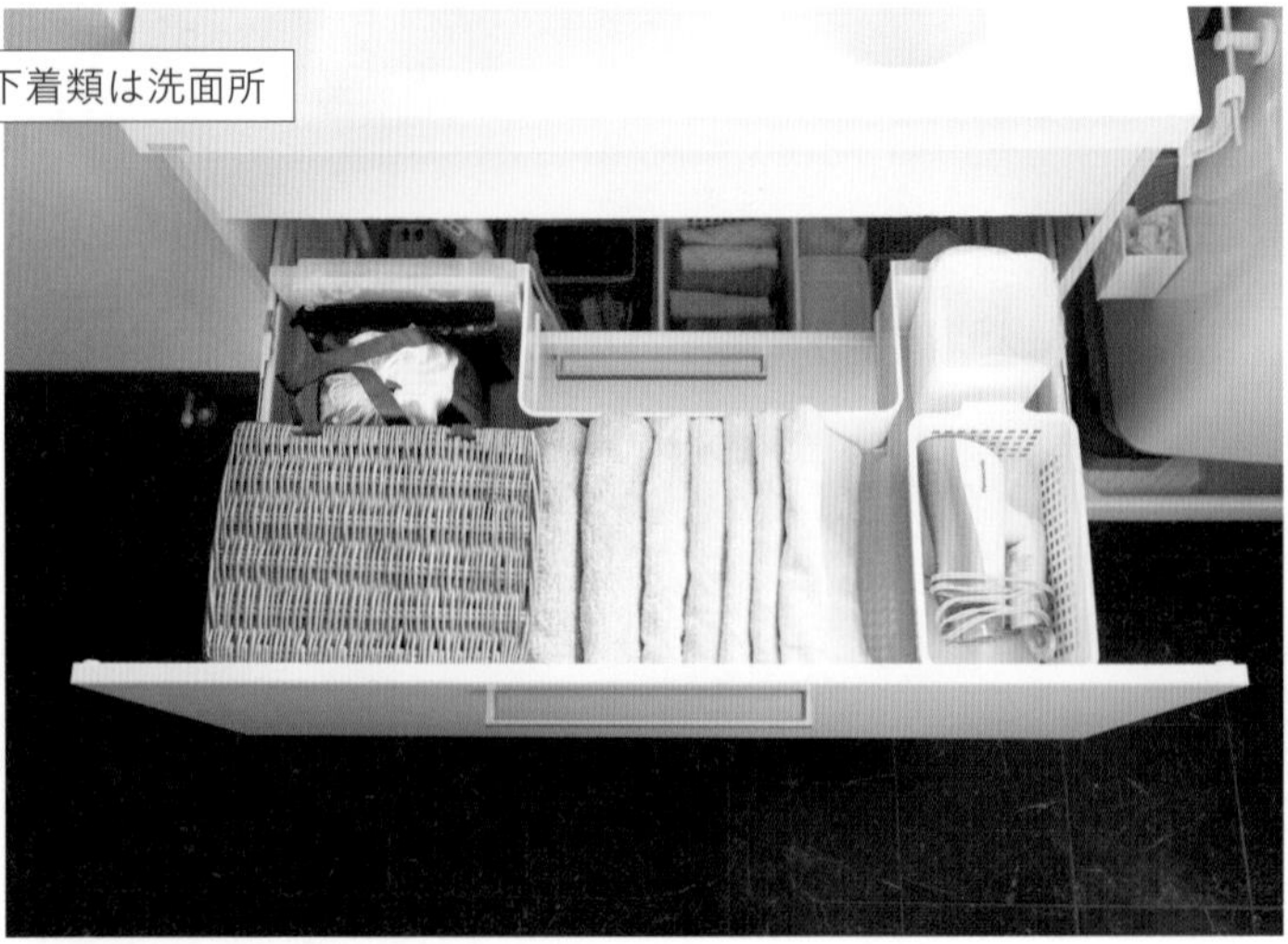

入浴時に替える下着は、洗面台下の引き出しに。ふたつきのカゴに入れて。

朝、寝室で着替えをするので、夫婦2人分の衣類は寝室のクローゼットが置き場所です。わが家で衣類があるのはここだけ。前ページでお見せした65点がすべてここに収まっています。下着だけは、入浴のときに替えるので洗面所に置いています。

ハンガーラックの上段はだいたい夫のもの、下段が私で、シワになりやすいシャツやジャケット、丈の長いワンピース、コートなどをアイテム別にかけています。Tシャツやパンツなど畳めるものはたんすの引き出しへ。ここもアイテム別に、3段分が夫、2段分が私のものです。

アイテム別に吊るす

ジャケットやシャツなどはアイテム別にハンガーラックにかけておくと、探しやすい。1アイテム5点がひと目でわかる状態に。

ひと目でわかる収納

1アイテムを5点に決めるということは、日々循環させていく5点を自分で選ぶということです。クローゼットの中でアイテムごとに並べ、ひと目で見渡せる状態にしておくのは「これ、最近着ていないな」というものがすぐわかるようにしておきたいからです。

衣替えのタイミングも私は大事にしています。今は衣替えをしない家庭も増えていますが、1着ずつ手に取ってチェックするいいチャンス。「今年の冬は、とうとうこのセーターを一度も着なかったな」ということに気づくのも、こういうときです。

首がきつかったのなら、

便利な一時置き用バスケット

1日では洗わない家着やパジャマの一時置きに便利なバスケット。エプロンやマフラーも。下２段の衣装ケースには季節外のもの。

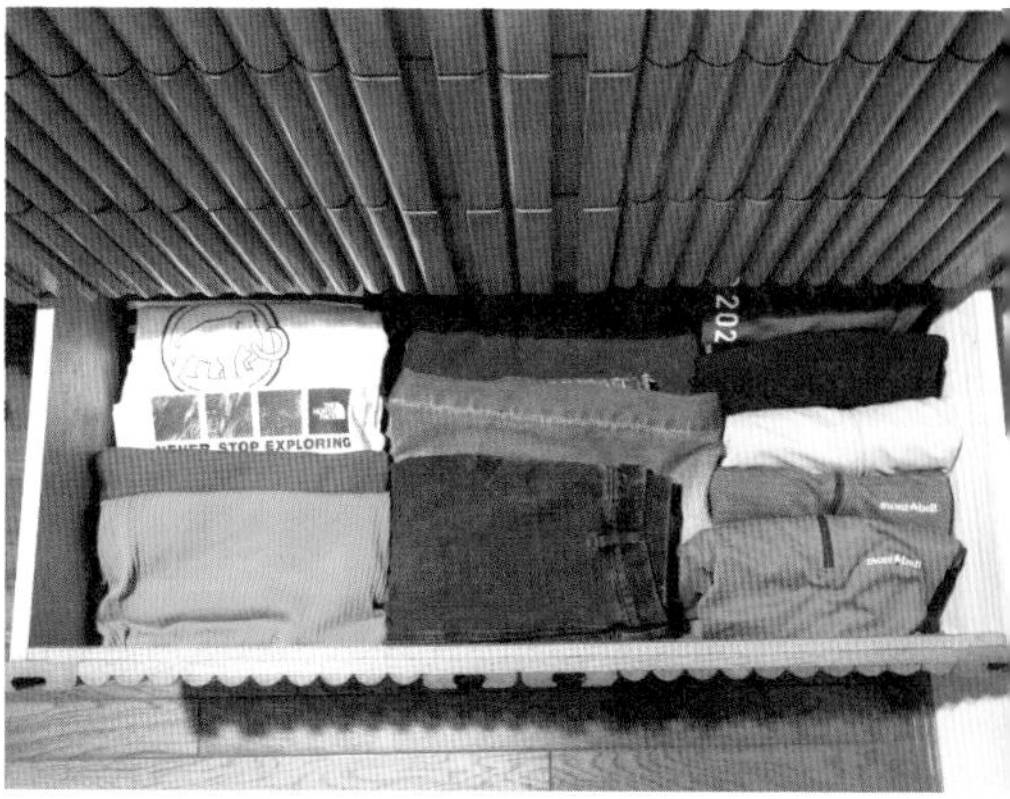

引き出しに立てて並べる

ノースリーブやデニムなど畳めるものは引き出しへ。５点ずつまとめ、立てて並べておくとあちこち出さなくても探せる。

着心地のいいセーターを買うために、来年の家計の予算を取ればいい。もう少し上等なコートが必要だと思えば、予算に組み入れられるか検討します。

そういう意味では、適量を管理するということは、経済にも関係していると思います。最近は、バーゲンに行かなくなりました。「買わないと損」という気分になりますが、衝動買いや、バーゲンで安いからと買ったものは大抵後悔するからです。

そうではなく、このシーズンはこれがほしい、これが必要というものを探して買った方が、ずっと満足できると思います。

くつは10足

見た目より履き心地

横浜・元町の老舗ミハマのパンプスには、足が痛くならない工夫が。サンダル（KEEN）とスニーカー（ホーキンス）は、クッションがしっかりした足の疲れないもの。

箱から出してくつ箱へ

５段の棚に夫と私で10足ずつ。右側の５段が私のくつ。箱に入れないで、状態をまめにチェックしながら保管。

くつの〝適量〟とは何足でしょうか？　私の場合、今はぴったり10足。冠婚葬祭用と講演会用のパンプス計3足、サンダル、スニーカー3足、冬のブーツ、長靴、登山用のくつ。仕事もプライベートもこれだけあればちょうどいい。若い頃は窮屈を我慢しておしゃれなくつを履くこともありましたが、今は基本的に履き心地重視です。

娘家族と共用の玄関に造りつけのくつ箱が２つあり、小さい方を私たち夫婦で使っています。箱から出して入れ、湿気がこもっていると思えばすぐ乾拭き。この方法が、くつの状態がよくわかっていいのです。

かばんは家庭事務エリアに

パントリーの中へ

書類置き場のパントリー最上段は、私のかばん置き場。壁側にかかっているポシェットやエコバッグは、夫婦で共有して使っている。

大容量で丈夫

たくさん入って丈夫なウェットスーツと同じ素材でできたバッグ。マルチカラーのドットが、冬のコート姿も明るく見せてくれる。

洋服を選ばない

スーツにもワンピースにも合うスリムな革のショルダーバッグ。定期購読している『婦人之友』が入る大きさなのも嬉しい。

かばんを置く場所が決まっておらず、家族全員がなんとなくリビングやダイニングのどこかに置いているお宅が多いと思います。

わが家は、パントリーがかばん置き場。パントリーといっても食料品ではなく、家族で共有する書類を収める書庫として使っています。

夫も私も帰宅したら、食卓でかばんを〝分解〟し、書類を分類して、書類置き場に収めます。そうすると、最後に空になったかばんをしまうのも、パントリーが最も動線が短くすむ。出かけるときも同じ。忘れものも防げて一石二鳥です。

洗面台は平らに

水切りをした後、洗面器はフックに、椅子は水栓に引っ掛けておけばヌルヌル防止に。

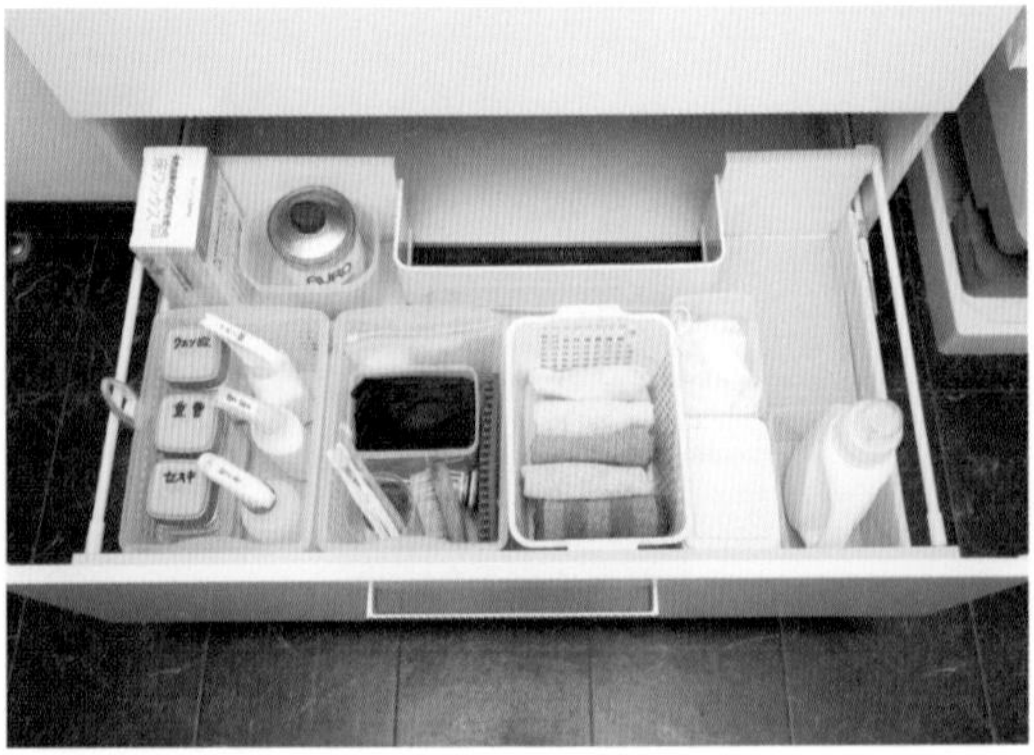

洗面台下の引き出し。洗たく用（右）と掃除用（左）にエリアを分けて。重曹、クエン酸、セスキ炭酸ソーダはスプレーに。ゴミ箱もここに。

洗面台に歯磨き、化粧品、ヘア関連、ひげそり用品など、所狭しと並んでいるお宅はよくあります。世の中こんなに新商品があるのかと勉強になります（笑）。

洗面台周りはできるだけものを置かず、平らにしておくと掃除がラクです。洗剤もセスキ（皮脂、タンパク質汚れ）、クエン酸（水垢）、重曹（研磨用）の3種類だけ。トイレ用、風呂用と場所別に揃えると大変な量ですが、汚れ別に用意すれば場所を問わず使えます。古布をカットしたウエスを使えば、使い捨ての消耗品を買う必要もないので、管理もラクです。

若々しく暮らすためのモチベーション

先日、書類が片づけられないというお宅で、２０１１年の新聞が敷いてあるのを見つけました。その年から書類を見返すこともなかったのですね。開いてほぐすチャンスがないと、その場所は封印されて固まっていきます。

人も同じではないでしょうか。誰ともつき合わず、同じところにいると固まっていく。自分の考えや自分のやり方だけでガチガチに老化していく気がします。私が参加している友の会では、いろいろな年代の方の意見をうかがうことで、心がほぐされるし、反省するチャンスができて活性化されます。

固まらないためには、人と関わることが重要です。面倒でも夫と共有する。家族と話す。友だちに会う。職場、趣味のグループや活動……、さまざまな人とつき合って交流することだと思います。

野菜だって、畑から抜いた瞬間に干からび始めますが、地面の中にいれば、わずかでも養分や水分が入っていきます。だから、抜かれないようしっかりと人間の間に根を張ること。

最近私は、自分が興味のなかった場所に行ってみることも大事にしています。人にすすめられた展覧会や自分の知らない土地に行くと、新しい発見がたくさんあって、気持ちが若返りますよ。

そして、私が何より活性化されるのは、やっぱり誰かのために片づけをすることです。最初は「大変！」と思っても、やれば必ず改善され、その人の顔も輝いて気分よく帰れます。微力ですがこの関わりが、私を一番元気づけてくれるのでしょう。どんなサプリより効果があると思っています。

お弁当とエプロン持参で、今日もお片づけに「行ってきます！」

心がけています。SDGsな暮らし

SDGsリスト

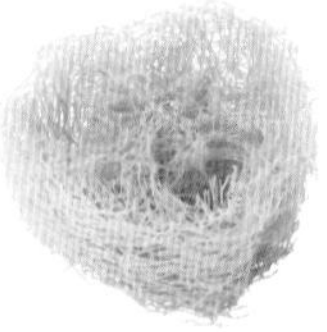

へちまで皿洗い

皿洗いはこれ1つ。へちまは庭で育てたもの。植物性スポンジは、繊維の力で洗剤なしでピカピカに。浴室の石けん置きにもちょうどよい。最後は土に還す。

“固形”という選択肢

左が固形シャンプー、右が顔・身体用の石けん。従来のシャンプーやボディソープはボトル入りがあたり前。でも固形を選べばプラスチックフリーに貢献できる。

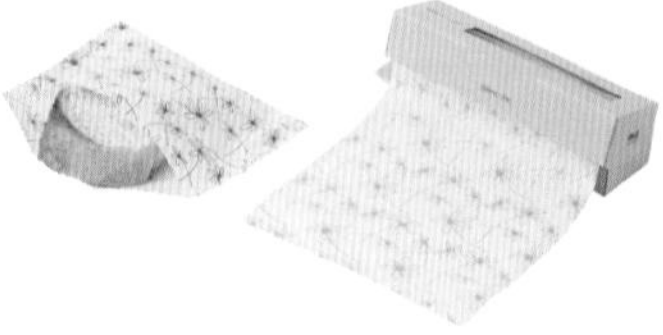

ラップ代わりに紙ラップ（mt wrap）

サンドイッチを包むときなどに使える紙ラップ。両サイドに糊がついており、必要な分を引き出して折り返すと袋状に。封筒や包装紙としても。

新発想、固形シャンプー（purebar）

洗浄成分・美容成分を固形化した新しい発想のシャンプーバー。石けん成分は含まれておらず、コンディショナーも不要。しっとりと、さらさらの2種類。

できるだけプラスチック製品を使わないことを意識し始めて、生活がよりシンプルにチューニングされた気がします。とはいえ実践しているのは、使い捨てシートは使わないとか、水周りのものは、最後は海へいくから気をつけようとか、暮らしの延長線上のちょっとしたことばかり。

最近、固形シャンプーを使い始め、浴室からプラスチックボトルが一掃されました。シャンプー類がこれ1つですむなんて、本当に画期的なこと。掃除もラクになりました。意識を向ければ生活は変わる。その余地のあることに何だかワクワクするのです。

柄の上部を押すと水がピュッと
飛び出し、水拭きもスイスイ。

使い捨てシートは使わない　MQモップ（エコンフォートハウス）

スウェーデン生まれのMQモップ。マイクロファイバーと水の力だけで菌まで除去する。着脱式のシートは、使い終わったら洗濯して、くり返し使用可。

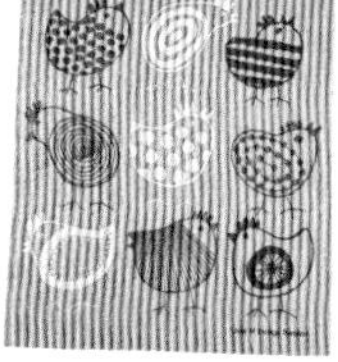

植物由来のスポンジワイプ（イーオクト）

セルロースとコットン製のスポンジ状の布巾。吸水力抜群、片手でキュッと絞れ、乾きもいいので清潔。生分解されるので、ボロボロになったらコンポストへ。

①わたしの覚え書き　　更新日（　　　）

〈基本情報〉

氏名

生年月日

血液型

病歴

戸籍移動情報

家族（同居）　　　　（別居）

職歴

所属団体

資格

好きなもの・こと

〈もしものとき〉

連絡先

かかりつけ医

延命治療

臓器提供

お別れの形式

墓地

本当に重要なことだけをシンプルに書き記して、
家族で共有しています。

②お金・パスワード　　　更新日（　　　）

〈お金の預け先〉

金融機関・口座

暗証番号

種類（預貯金・債券・株・投資信託など）

〈保険〉

保険会社

証券番号

種類

〈不動産〉

不動産契約先

所在地

内容

〈ネット取引〉

サービス名

アカウントID

パスワード

「エンディングノート」というものを書いたことがありますが、1冊書き終わるとぐったり疲れてしまいました。

また、両親が亡くなったときに、銀行口座のパスワードがわからず、苦労した経験からも、家族で共有したい「重要な情報」はなるべくコンパクトに、わかりやすくするべきと思いました。

今は、この「エンディングシート」を夫婦それぞれがつくり、子どもたちとはクラウドで共有しています。毎年、誕生日に更新することも忘れずに。

おわりに

庭の片隅にコンポストのある生活を始めて6年、毎日生ゴミや落ち葉など放り込み、堆肥ができたら夫が小さな菜園に鋤き込んでくれます。季節ごとにおいしい野菜やくだものを与えられ、大地の恵みを感じる日々です。

こうして、自然界は絶え間なく循環しているというのに、人間だけが処理できないものを身勝手につくり、ゴミとして残し続けていることに胸が痛みます。

地球規模の悲鳴がＳＤＧｓのうねりとなった今こそ、「ちょっと便利そう」なグッズをむやみに買って、不要品のスキマで暮らすことのないように、一人ひとりが知識を意識に変えなくてはならないと痛感します。

本書でくり返し述べたように、まずは収納を増やすことより「整理ファースト」で中身を選び抜く力を鍛えましょう。私たちの選択がガラクタを生産しない社会へと、少しずつ舵を切れると信じています。

部屋のカーテンを閉め切ったお宅にうかがうたびに、モノも人も最も苦しいのは孤立や閉鎖ではないかと思うようになりました。光を入れてこそ、互いにほぐされ活かし合えるのではないでしょうか。

微力ながら人と関わるこのしごとに悦びをいただくきっかけになったのは、友の会の会員として40年間、『羽仁もと子著作集』を読み合う輪の中にいたから、と感謝しています。特に、第9巻『家事家計篇』の「どうしても家の中を片付けかねるのは、じつはその心のうちが片付かないのです。」という一文には、何度も背中を押されました。

私自身、心のうちが片づかないときも、カーテンを開けて光をあびる勇気を失わないようにしたいと思います。

井田典子

井田典子 Noriko Ida
横浜友の会（『婦人之友』読者の集まり）会員。整理収納アドバイザー。1960年広島市生まれ。整理収納、時間の使い方などのシンプルライフを『婦人之友』誌上で紹介。各家庭の暮らしに寄り添った「片づけ訪問」は約600軒。テレビや雑誌など各メディアで活躍するほか、全国各地で行う講演会も好評。著書に『「ガラクタのない家」幸せをつくる整理術』、『井田家の40年　暮らしとお金のありのまま』、絵本『はなちゃんとぴかりん　ピカピカだいさくせん！』（共に小社刊）など。
オフィシャルサイト　https://idanoriko.jimdo.com

装丁・本文デザイン　中島美佳
デザインアシスタント　羽柴亜瑞美
撮影　小川朋央
米谷 享（P.62下、P.63、P.68-73）
元家健吾（P.33、P.90、P.101、P.105 人物）
井田典子（P.26-27、P.32、P.34-47、P.62 上、P.90-91、P.96、P.100-105）
編集　松本あかね

片づけは
整理9割、収納1割

2024年6月5日　第1刷発行
2024年10月5日　第3刷発行

著　者　井田典子
編集人　小幡麻子
発行人　入谷伸夫
発行所　株式会社 婦人之友社
〒 171-8510
東京都豊島区西池袋 2-20-16
☎ 03-3971-0101（代表）
https://www.fujinnotomo.co.jp
印刷・製本　シナノ書籍印刷株式会社

ISBN 978-4-8292-1041-3

井田家の40年
暮らしとお金のありのまま
家族5人の生活が映しだされた、約40年の家計簿を全公開!
「お金の不安をなくすには、モノを整えることから」と、
住まいのよどみのほぐし方、生活費の実際を紹介。
暮らしの根っこがわかります。
井田典子著　1,540円(税込)

幸せをつくる整理術
ガラクタのない家
スーパー主婦の井田さんが始めた2世帯の暮らし。
すべての部屋を公開して、整理の仕方や暮らしやすさの秘訣を紹介。
先を考えたライフプラン、これまで培ってきた整理収納術が1冊に凝縮。
片づけができない方必見です。
井田典子著　1,430円(税込)

再出発整理
心地よい居場所とお金のつくり方
ライフステージが変わるたびに、住まいも生活時間もお金の使い方も
見直してきた著者。家族の成長に合わせて物の置き場所を最適にし、
限りあるお金と向き合うための工夫が満載。
山﨑美津江著　1,760円(税込)

帰りたくなる家
家の整理は心の整理
時間がなくても、疲れていても、家をよくしていく方法はきっと見つかります。
心底ホッとできる家にしたいという気持ちがあれば、
自然とよい方へ変わっていきます。結婚して50年近く、
失敗しながら、工夫し続けてきた家のことをお話しします。
山﨑美津江著　1,430円(税込)

汚れが落ちる、心が軽くなる
「ついで掃除」できれいが続く
掃除が苦手でも、忙しくても「きれい」が続く家になる!
家事のエキスパートの著者が教える、とっておきのアイデアが満載です。
日々の「ついで掃除」と、困ったときの「リセット掃除」を、
この一冊でマスター。
井上めぐみ著　1,540円(税込)